수업 시간에 질문을 만들고 주고받으며
젠더 고정관념에서 벗어나기

초등학생
성평등 교육
어떻게 할까?

초등학생
성평등 교육
어떻게 할까?

2020년 4월 27일 처음 펴냄

지은이 헬렌 그리핀 | **옮긴이** 박현주, 김유진
펴낸이 신명철 | **편집** 윤정현 | **영업** 박철환 | **경영지원** 이춘보 | **디자인** 최희윤
펴낸곳 (주)우리교육 | **등록** 제 313-2001-52호
주소 03993 서울특별시 마포구 월드컵북로 6길 46
전화 02-3142-6770 | **팩스** 02-3142-6772 | **홈페이지** www.uriedu.co.kr

ⓒ 박현주, 김유진, 2020
ISBN 978-89-8040-900-6 03370

Original Title: Gender Equality in Primary Schools: A Guide for Teachers by Helen Griffin
Copyright ⓒ Helen Griffin, 2018
First published in the UK in 2018 by Jessica Kingsley Publishers Ltd
73 Collier Street, London, N1 9BE, UK www.jkp.com
All rights reserved
Printed in South Korea

이 책의 한국어판 저작권은 Icarias Agency를 통해
Jessica Kingsley Publishers Ltd.와 독점 계약한 우리교육에 있습니다.
저작권법에 의하여 한국 내에서 보호를 받는 저작물이므로 무단전재와 복제를 금합니다.

*이 책의 내용을 쓰고자 할 때는 저작권자와 출판사의 허락을 받아야 합니다.
*잘못된 책은 바꾸어 드립니다.
*책값은 뒤표지에 있습니다.

이 도서의 국립중앙도서관 출판시도서목록(CIP)은
서지정보유통지원시스템 홈페이지(http://seoji.nl.go.kr)에서 이용하실 수 있습니다.
(CIP 제어번호:CIP2020015490)

수업 시간에 질문을 만들고 주고받으며
젠더 고정관념에서 벗어나기

초등학생
성평등 교육
어떻게 할까?

헬렌 그리핀 지음
박현주·김유진 옮김

우리교육

이 책은 영국 사우스요크셔주 발달교육센터DECSY에서 진행한
'젠더 존중 프로젝트Gender Respect Project, 2013~2016'에 바탕을 두고
있다. 이 프로젝트는 2013년 2월 14일 전 세계 50여 개 도시에서
여자들과 소녀들 그리고 그들을 사랑하는 남자들을 거리로 쏟아
져 나오게 한 '10억 궐기OBR, One Billion Rising'에 영감을 받아 시작
했다. 모두가 활기차게 춤추는 시위 속에서 그들은 깃발을 휘날리
고 선언을 낭독하며, 여자와 소녀를 향한 폭력을 중단하라고 외쳤
다. 이 시위에는 인터넷과 소셜미디어가 특히 중요한 역할을 했다.
카불, 델리, 마닐라, 뉴욕, 셰필드에서 같은 춤을 추는 여자들을 인
터넷과 소셜미디어를 통해 보여주어 서로 연결된 힘을 유의미하게
포착해냈다. 10억 궐기는 영국 의회에서 학교 내 관계 교육에 주목
하라고 요구하는 논의를 활성화시켰다.

젠더 존중 프로젝트는 어린이와 젊은이가 성차별과 성폭력을 지
역적-지구적 맥락에서 이해하고 문제를 제기하고 도전하도록 지원
하는 역할을 목표로 삼았다. 4세에서 14세 아동을 가르치는 교사
들과 창의적 활동가들 그리고 젊은이들이 이 프로젝트에 참여하

여 독창적이면서도 적극적인 커리큘럼 자료와 활동을 개발했다. 그리고 그 안에 소녀와 소년을 함께 참여시켜 젠더 고정관념에 이의를 제기하고, 젠더 간 관계에 대해 세계 상황과 역사적 맥락을 이해하고, 젠더 관점에서 권력과 자유, 인권의 쟁점들을 탐구하는 내용을 담았다. 우리는 어린이가 스스로 원할 때 행동으로 옮길 능력을 갖추는 일이 무엇보다 중요하다고 본다.

차례

머리말 4

초등학교에서 성평등 교육 시행하기

성평등 실현을 위해

💡 책의 구성에 대해

이 책은 이론과 실천을 포괄하고 있다. 〈성평등 교육의 이해〉와 〈성평등 교육이란 무엇이며 왜 중요한가?〉는 성평등에 대한 이론적인 연구 배경을 제공한다. 〈초등학교에서 성평등 교육 시행하기〉는 초등학교에서 성평등을 실행할 때 요구되는 실천적 방안들을 제시한다. 〈성평등 실현을 위해〉에 추천할 만한 방안들과 가능한 방식들이 요약되어 있다. 각 장 말미에 요점을 정리함으로써 독자들이 그 장을 좀 더 꼼꼼하게 볼지 말지 판단할 수 있게 해준다. 관찰 연구 사진들과 질문들, 초등학교를 심사하는 데 필요한 체크리스트, 어린이 도서 평가를 위한 체크리스트, 추천할 만한 어린이 도서 목록이 부록으로 실려있다. 각 장의 주석과 참고문헌에는 포괄적인 참고문헌과 '추가 읽을거리 목록'도 들어있다.

성평등 교육의 이해

"처음부터 성차별이 이처럼 중요한 문제라고 여기지는 않았어요. 하지만 이제 우리에게 성차별은 엄청나게 큰 문제예요. 성차별이 대수롭지 않은 일인 줄 알았는데, 이제는 전 세계 어디서나 일어나고 있다는 걸 알게 됐죠." -9세 소년[1]

젠더 존중 프로젝트[2]에 참여한 초등학교 어린이들은 젠더 이슈에 대한 대화에 높은 관심을 보인다. 21세기 서유럽에서도 남자아이인가 여자아이인가는 여전히 정체성의 중요한 측면을 구성한다. 일상생활과 행동 양식의 온갖 영역에 영향을 받기 때문이다. 물론 장래 삶의 기회나 육체적·정신적 행복,[3] 직업 선택,[4] 자본[5]과 권력[6]에 대한 접근성에서는 말할 나위도 없다.

잉글랜드와 웨일스에서만 매주 평균 두 명의 여성이 자신의 파트너나 전 파트너에 의해 살해되는 젠더 기반gender-based 폭력이 난무하는 지구적 현상 앞에서, 당신이 남성인가 여성인가는 말 그대로 생사를 가르는 기준일 수 있다.잉글랜드여성구조연맹, 2015 남자들은 모든 종류의 폭력에 과도하게 높은 비율로 연루되어있다.

2011~2012년 동안 잉글랜드와 웨일스의 폭력 범죄 통계를 보면 폭력 피해자의 62%, 가해자의 80%가 남성이다. 2015년 영국 교도소 재소자 중 여자가 차지하는 비율은 4%에 그쳤지만 남자의 비율은 지나치게 높았다.

그런데도 최근 20년간 영국 초등학교에서 성평등과 젠더 고정관념화를 둘러싼 활동은 대체로 소수 헌신적인 교사들의 관심사에만 머물러있다. 공립학교교육과정, 학업성취도평가SATs 시험,[7] 교육기준청Ofsted 그리고 중등교육자격검정시험GCSE[8] 성적 비교가 도입된 이래, 국가 차원의 젠더 관련 모든 활동은 남자아이들의 학력, 특히 읽고 쓰는 능력을 여자아이들의 성적과 동등하게 유지하는 데 중점을 두었다. 최근에는 아동에 대한 성 착취와 여성 할례 사건 등에 대한 전국 조사가 진행되면서, 영국 정부는 학교 내 성희롱 및 성폭력으로 시선을 돌렸다.[2016 하원 여성평등위원회] 나이 어린 트랜스젠더 인구가 증가[9]하여 학교들은 다시 한번 젠더에 주목하게 되었다. 교육기준청이 트랜스젠더 포용을 독려하고 따돌림을 예방하는 정책과 방안을 제시하면서 시찰하는 동안, 학교는 관련 활동을 요구받게 된다.[10] 이 모든 쟁점—읽고 쓰는 능력에서 남학생들의 저조한 성적, 트랜스젠더 혐오, 성 착취—에서, 젠더는 선별하여 지원하거나 개입할 어린이들의 존재가 확인된 학교에서 주도적으로 활동을 시작해야 하는 특정한 사안이기는 하지만, 이 모든 문제의 근본 원인으로 우리는 사회 곳곳에 만연한 문화적 젠더 규범과 성차별 gender norms and inequality을 꼽을 수 있다.

젠더를 바탕으로 하는 성차별

이 책은 젠더 존중 프로젝트를 바탕으로 한다. 여자들을 향한 폭력에 맞서 지구적 차원에서 대규모로 대응한 10억 궐기[11] 캠페인이 2013년 2월 14일 진행되었는데, 젠더 존중 프로젝트는 여기서 영감을 받았다. 2012년에 시작된 이 캠페인은 당일, 수십만 명의 참가자를 불러일으켜 춤을 추며 하나가 된 가운데 진행됐다.' V-day 설립자이자 수상 경력이 화려한 극작가 이브 엔슬러Eve Ensler가 묘사한 것처럼, 전 세계 207개국에서 여자들이 우리의 분노와 환희를, 그리고 자유롭고 안전하고 존중받는 대등한 세상을 향한 우리의 확고한 요구를 표현했고 세계 곳곳의 매스컴이 이를 보도했다. 여자들과 소녀들을 향한 폭력 문제에 대해, 세계적으로는 2013년 57차 유엔여성지위위원회 회의CSW57로, 지역적 차원으로는 세계 곳곳에서 일어나는 풀뿌리 행동으로 응답하고 있다.

CSW57은 여자들을 향한 폭력을 공적이든 사적이든 어떤 영역에서건, 여자와 소녀에게 신체적·성적 혹은 심리적 피해나 고통을 주거나 그럴 가능성이 있는 폭력 그리고 그러한 성격의 협박과 강요 행위, 자의적인 자유 박탈을 포함해 젠더를 바탕으로 하는 모든 폭력으로 규정한다. 전 세계 여성의 35%가 평생 파트너나 파트너가 아닌 자에 의해 신체적 폭력이나 성폭력을 당하고 있다(여기서 대부분의 폭력은 단연코 파트너에 의한 것이다. 파트너가 아닌 자로부터 성폭력을 당하는 여성과 소녀들은 전 세계에서 7%에 불과하다). 2010년 세계건강관측소 보고서를 참조하기 바란다.

CSW57에 따르면 젠더를 바탕으로 하는 폭력의 뿌리는 여자와 남자 사이 권력 관계에 존재하는 역사적이고 구조적인 불평등에 있다. 그러한 폭력에 여자들과 소녀들을 더욱 취약하게 만드는 여러 요소가 있지만, 이를 영속시키는 것은 젠더 고정관념gender stereotype과 근본적으로 연결되어있다.CSW57, 2013, p.2

폭력의 원인을 연구한 결과물은 변화가 가능하다는 희망적 메시지를 보여준다. 젠더 기반 폭력은 그 원인이 남자나 여자에게 고유한 혹은 그들 사이 관계에 고유한 그 어떤 것에 있지 않기 때문에 당연할 수도, 필연적일 수도 없다. 가정폭력에 관한 비교문화 연구는 소농 사회와 소규모 사회 5분의 1 정도가 가정폭력이 나타나지 않는다고 밝혔으며,Levinson, 1989 또 다른 연구에서는 강간이 존재하지 않는 사회를 확인했다.Sunday, 1981 그러한 문화가 실재한다는 것은 여자를 대상으로 한 남성 폭력이 남성 특유의 생태나 성적 특질의 불가피한 결과물이 아님을 증명한다. 킴멜은 성차별이 남성 폭력의 가장 중요한 원인의 하나라고 결론지은 수많은 사회인류학자의 연구 결과를 이렇게 설명한다. "강간이 비교적 드문 사회는 여성의 자주성을 존중했고(여자들은 결혼 후에도 자기 이름으로 된 자신의 재산을 계속해서 소유했다), 아이들을 존중했다(남자들이 양육에 참여했다). …여자들의 지위가 남자들에 비해 낮을수록, 강간 비율은 높았다."Kimmel, 2008

성차별은 우리 모두와 관계되는 문제다. 누구나 젠더 정체성이 있고, 모두가 권력 관계에 연루되어있기 때문이다. "학교는 그 자체로 '정상적인' 아이라는 개념의 표준화가 이루어지는 현장이다."Paechter, 2007 학교 안에서 사회 통념들이 폭로되고 도전받지 않는다면, 이는 성차별을 초래하거나 용납하는 것으로 이어질 수 있다. 따라서 성차별을 지탱하는 사회 내부의 전반적인 통념을 드러내고 그 원인을 고찰하고 대안을 개발하는 것이 교육의 기본 역할이라는 주장이 가능하다. 학교 기구 안에서도 동일하게 작동하는 그 같은 통념들을 드러내고 비판하는 일이 과정에서 핵심적 요소가 될 것이다. 정상이라고 당연시하던 것들에 대한 비판적 인식은 사회 변화 과정에서 중요한 첫걸음이기 때문이다.

초등학교 내 성차별과 관련된 통념들

다음은 아마도 우리가 따르는 통념이나 우리가 영향을 주고 싶어 하는 사람들(예컨대 학교 내 다른 직원들, 교장, 학부모들)이 따른다고 여기는 통념일 것이다. 그중 일부에 대해 주장하는 내용과 정보를 제시한다. 나머지에 대해서는 다른 장에서 상세히 검토해 언급하겠다.

통념 1. 아무런 문제없다 — 영국은 현재 성평등을 이룬 사회다.

이 통념이 사실과 거리가 멀다는 통계들, 영국이 성평등에 관한 성적표에서 국제적으로 추락하고 있음을 알려주는 우려할 만한 통계 자료는 충분히 있다. 2006년에 영국은 세계경제포럼의 성평등 비교 일람표에서 9위였다. 비록 2016년 대비 2017년에 일정한 진전이 있었다고는 하나, 2017년에 종합적으로 9단계가 내려가 15위에 머물렀다. 영국은 경제활동 참여 부문에서 144개국 중 53위다. 이는 주로 남자와 여자 사이 노동 불균형에 기인한 격차 때문이다. 여자들이 하는 일 57%가 무보수로, 남자들이 하는 일에서 무보수직이 차지하는 32%와 비교되는 수치다. 여자의 소득이 남자의 66%에 머무르면서 영국은 근로소득 추정치에서 종합 95위에 그친다. 영국 의회 내 여성 비율은 38위로, 이는 다른 유럽 국가들보다 뒤처질 뿐 아니라 남미와 아프리카의 여러 나라(예컨대 볼리비아와 르완다, 2017 세계경제포럼 참조)보다도 뒤진다. 영국의 성희롱 및 성폭력 관련 통계는 4장을 보기 바란다.

통념 2. 학교에서 성평등에 주목한다고 하더라도, 영국 정부는 교육기준청과 같은 기구를 통한 지원이 부족하다.

국가입법지침국National legislation and guidance
영국의 중심적인 성평등 입법체계는 '평등법 2010Equality Act 2010'이다.

평등법 2010에 입각하여 교육과정에 구애받지 않는 자유학교제를 포함, 재정지원을 받는 학교 및 전문학교는 공공부문 평등의무PSED를 충분히 고려해야 한다. 이에 따라 그 학교는 보호받아야 하는 특성(신체·정신적 장애, 성전환, 임신과 출산,

인종, 종교, 신념, 성별과 성적 지향이 이에 해당한다)을 가진 사람들에 대한 편견, 괴롭힘harassment이나 가해 행위victimisation, 몰이해, 불이익, 참여 방해의 증거가 보이는 곳에서는 차별에 관한 문제가 있다는 것을 확인하고 이에 대처하기 위해 적극적으로 조처해야 한다.평등과인권위원회, 2016

2017년 교육기준청 시찰편람은 이 의무를 반영하여 "인종차별, 성차별, 장애와 동성애를 혐오하여 따돌리는 일, 경멸하는 언어 사용, 인종차별 사건들"과 관계된 모든 "직접 혹은 간접적인 따돌림, 차별적이고 편견을 갖게 하는 행위"를 기록하고 분석해야 한다고 명시한다. 대표자나 학교장들에 대한 평가 기준은 다음과 같다.

(대표자와 학교장이) 학교 안에서, 더 넓게는 지역사회 안에서 그들의 말과 행동과 영향력을 통해 모든 형태의 평등을 고취하고, 모든 신앙(과 무신앙), 인종, 젠더, 나이, 장애, 성적 지향(그 외 보호받아야 할 특성을 가진 여타 집단들)[12]에 대한 더 큰 이해와 존중을 (얼마나 잘) 장려하는가.Ofsted, 2017

대표자와 학교장이 그들의 말이나 행동 혹은 영향력을 통해, 직·간접적으로 기회의 평등을 고취하지 못하고, 차별하거나 편견을 갖게 하는 행동과 견해들을 방지하지 못하는 경우 그 학교는 부적당하다고 평가된다. '여성과 소녀들을 향한 폭력VAWG에 대한 전략 2016~2020'에서, 영국 정부가 설정한 성취 목표는 다음과 같다.

(목표는) VAWG 피해자 숫자의 현저한 감소로, 여자들과 소녀들을 차별하고 그들의 선택을 제한하는 뿌리 깊은 사회 통념, 태도, 행위에 문제를 제기함으로써, 젊은이들에게 건강한 관계 및 강간과 동의에 대해 알려주고 그들의 주의를 환기함으로써 이를 성취한다.

이는 학교 내 성평등의 중요성에 대한 정부 차원의 인식을 추가로 보여준다.

수년에 걸쳐 교육단체들이 벌인 운동에 따르면 "어린이들이 중등 학생이 될 즈음이면 젠더 규범에 대한 관점이 단단히 자리 잡는 경우가 많다. 따라서 초등학교에서 나이에 걸맞게 시작되는 성평등, 동의, 관계, 섹스에 대해 교육하는 것이 중요하다"고 밝힌 하원 여성평등위원회를 비롯하여 정부의 다양한 실무 그룹들의 권고에 따라, 영국 정부는 2017년 초등학교에 '관계 교육relationships education'이라는 새 과목을 의무적으로 도입하고, 중등학교 과목 '성과 관계교육SRE, Sex and Relationships Education'을 '관계와 성교육 RSE, relationships and sex education'으로 개명하여 건강한 관계가 되려면 무엇이 가장 중요한지를 강조하라고 제시했다. 2019년 9월까지 이 방침이 실행되었고, 모든 초등학생이 젠더 정체성과 상관없이 서로 존중하는 관계를 발전시키기 위해 노력하는 중요하고도 정당한 계기가 되었다.

국제 협약international agreements

• 유엔 아동권리협약UN CONVENTION ON THE RIGHTS OF THE CHILD
1991년 영국 정부는 두 나라를 제외한 모든 유엔 회원국과 함께 유엔 아동권리협약을 비준했다. 2항은 (18세 미만의) 모든 어린이가 "어떤 종류의 차별도 받지 않고, 자신의 부모나 법적 보호자의 인종, 피부색, 성별, 언어, 종교, 정치적 혹은 여타의 견해, 국적, 소수민족이나 사회적 출신, 재산, 장애, 출생을 비롯한 여타 지위에 상관없이 권리를 갖는다"OHCHR 1996~2017고 분명히 제시한다. 성평등과 관련된 여타 조항들로는 폭력으로부터 보호에 관한 19항, 당사국들이 어린이들을 모든 형태의 성적 착취와 학대로부터 보호하기 위해 필요한 모든 조처를 해야 한다고 명시한 34항, 당사국들이 어떠한 형태의 방치, 학대, 혹사로부터 어린이의 회복을 촉진하기 위해 적절한 방도를 취해야 한다고 명시한 39항이 있다.

• 유엔 지속가능개발목표SDGs, SUSTAINABLE DEVELOPMENT GOALS
유엔 회원국 193개 나라는 2015년 9월에 뉴욕에서 열린 정상회의에서 지속가능개발목표로 알려진 지구 차원의 개발 체제를 채택했다.

모든 서명국이 성차별, 기후변화, 질 좋은 교육에 대한 접근, 평화와 포용적 사회의 증진과 같은 다양하고 뿌리 깊은 이슈들에 착수할 것을 약속한다. SDGs는 공식적으로 2016년

1월에 효력이 발생했고 영국은 국내에서 그 목표들을 실행에 옮기고 다른 나라들의 성취를 지지하면서 나아가야 한다.

성평등 및 교육과 가장 깊이 관련되어있어 영국 정부가 국내에서 실행할 목표는 다음 세 개 항이다. "모두에게 포용적이고 공평한, 질 좋은 교육을 보장하고 평생 배움의 기회를 장려한다"는 목표 4항, "성평등을 이루고 모든 여자와 소녀의 역량을 강화한다"는 목표 5항, "국가 간, 국가 내 불평등을 축소한다"는 목표 10항이다.[13]

통념 3. 성차gender differences는 자연스럽고 선천적이며, 두뇌 차이나 호르몬 등과 관련된 문제다. 소년들은 당연히 소녀들보다 폭력적이고 거칠다 등.

교육 현장을 비롯하여 사회 곳곳에서 '상식'으로 여기는 주장이다. 또한 초등학교에서 교사들이 성평등 활동에 전폭적으로 참여하기를 망설이는 근거가 될 수도 있으므로 핵심적으로 다루어야 하는 통념이다. 2장에서 이 통념에 대해 본격적으로 다룬다.

통념 4. 어린이들은 젠더 정체성을 사회화를 통해 배운다.

생물학이 성차를 설명하는 데 거의 쓸모없다는 사실을 잘 아는 교사들은 젠더 정체성 발달과 관련해서도 마찬가지로 부적절한 설명일 뿐인 소박한 사회화 이론으로 되돌아가기도 한다. 그러나 젠더의 사회적 구성에 대한 정교한 설명들이 최근 30년 사이에 발전되었다. 이것은 〈어린이들이 젠더 표현을 배우는 과정〉에서 설명한다.

통념 5. 젠더 정체성 학습을 한다 해도, 사회가 주는 영향(미디어, 가족, 또래)이 너무 강력해서 학교는 어떠한 변화도 만들어낼 수 없다.

젠더 고정관념과 사회 통념에 도전하기 위해, 무엇이 학교에서 효과가 있는지에 관한 학교 단위 조직들의 연구 결과가 차곡차곡 쌓여가고 있다. 이 책의 3부 〈초등학교에서 성평등 교육 시행하기〉는 여러 초등학교에서 실행된 좋은 관례, 다시 말해 고정관념에 도전하고, 선택의 폭을 넓히고, 젠더 간 관계를 개선하는 데 효과가 있다고 증명된 활동에 바탕을 둔다.

통념 6. 우리가 중점을 두어야 할 것은 소년들의 읽고 쓰는 능력 향상이다.

교육과정 2단계KS2의 학업성취평가SATs 결과를 볼 때, 읽고 쓸 줄 아는 능력에서 남자아이들과 여자아이들 사이 격차는 여전히 상당하다(6%). 이 차이를 우려하면서 그것을 좁히려는 학교들의 노력은 이해할 만하다. 하지만 안타깝게도 많은 학교가 '소년 친화적' 책자나 교수 방법론을 강조하는 과다한 조언에 기반해 정책을 실행하고 있다. 이를 반박하는 잘 연구된 풍부한 연구 결과가 있는

데도 말이다. 모스와 워시브룩은 그러한 접근법이 젠더 고정관념을 강화하는 방식 때문에 젠더와 관계없이 어느 학생에게도 효과를 갖지 못한다며 혹독하게 비판한다. 남자아이들의 학력 증진을 위한 몇몇 전략을 채택한 여러 학교에서 실망스러운 결과들이 나타난 이유 중 하나로, 전략 자체가 교사들과 학생들이 남자아이들과 여자아이들을 젠더 고정관념을 가지고 바라보도록 부추긴다는 점을 들 수 있다.Skelton, 2017

읽기와 쓰기 능력을 향상하기 위해 '소년 친화적' 커리큘럼을 제공함으로써 젠더 고정관념을 강화하기보다는, 읽기 능력에서 성별 격차gender gap(그리고 그와는 반대로 여자아이들에게 영향을 미치기도 하는 그 밖의 다른 성별 격차들)를 낳는 복잡한 요인들에 대처하는 것이 더 중요하다. 젠더에 기반한 교사의 기대와 요구가 학생의 수행에 중대한 영향을 미치는 것으로 증명되고 있다.

학습에 대한 학생의 태도에서 보이는 성차가 소년소녀를 불문하고 모든 어린이에게 유해하다는 사실 또한 확인되었다. 그에 따라 물리학협회Institute of Physics는 중등학교 내 젠더에 대한 심화 연구를 통해 다음과 같은 지침을 내놓기에 이르렀다. "분명히 말하면, 학교는 여자아이들이 자신감과 회복력을 발달시키도록—여자아이들이 간혹 실패할까 두려워하는 마음을 갖지 않도록—보장해야 하고, 남자아이들에게는 열심히 노력하는 것과 높은 성적이 연결되어 있다는 사실을 설득할 필요가 있다."

대다수 문헌이 모든 학생에게 학교 내 질 높은 수업과 학습 기회를 제공하는 일이 얼마나 중요한지를 가리킨다.

신중하게 고안된 개방적 과제open-ended tasks를 협력해서 풀도록 어린이들에게 용기를 북돋워줌으로써 생각하고 참여하는 자질을 향상시킬 수 있다는 사실이 연구를 통해 증명되었다…. 다른 사람들에게 생각할 시간을 주고 독특한 쟁점들을 시험적으로 탐구할 시간을 주는 방식, 다시 말해 열린 질문하기, 한 단어로 답하기보다는 길게 말하도록 기대하고 북돋워주는 방식의 건강한 교실 수업을 활용하기를 권고한다.DCSF, 2009

해결책은 어릴 적부터 젠더 정체성의 고정관념화를 방지하는 것이다. 따라서 교사들은 어린이 개개인이 폭넓고 균형 잡힌 커리큘럼의 능숙한 학습자로서 자신의 젠더 정체성을 설계할 수 있도록, 이를 지원하고 발달시키는 데 적극적 역할을 담당해야 한다.Siraj 2000, Moss 2016

통념 7. 성평등은 여자아이들의 문제일 뿐, 남자아이들의 관심사는 아니다.

젠더 존중 프로젝트의 젠더 고정관념화에 대한 토론에 남자아이들은 여자아이들과 마찬가지로 관심을 보였다. 그 문제가 여자아이들뿐 아니라 자신들의 선택 범위도 제한했다는 사실을 인식했기 때문이다. 집에서 자신들에게 뜨개질, 빵 굽기, 바느질에 참여하지 못하게 했으며, 그러한 상황에서 친척들로부터 젠더화된gendered 기대를 경험한 몇몇 소년이 당시 느낀 감정을 이렇게 표현했다.

"내 사촌 형은 늘 나를 내 이름이 아닌 여자애들 이름으로 불렀어요 어느 날 우리가 놀이공원에 갔을 때였는데, 형이 내게 완전히 무서운 놀이기구를 타라고 했어요. 내가 놀이기구를 타면서 칭얼거리지 않았더니, 그 후로는 형이 여자애들 이름 말고 내 이름으로 부르기 시작했어요."-9세 소년

학교에서 많은 남자아이가 교사들이 자신을 대하는 방식에 대해 부당하다고 느끼고 있었다. 예컨대 남자아이는 수업에 지장을 준다고 전제하는 교사들이 자신들을 신뢰하지 않는다는 것이다. 젠더 존중 프로젝트에 참여한 남자아이들은 여자아이들과 함께 학교 현실을 평등하게 바꾸기 위해 행동에 나서기 시작했다.

"우리는 톰보이나 엘라걸 같은 틀에 박힌 이미지, 여자아이들에게 핑크, 남자아이들에게 축구공 같은 젠더 고정관념이 아주 못마땅해요."-10세 소년

성평등이라는 화제에 소년들이 큰 관심을 보인다는 사실은 여타 다른 기구들을 통해서도 확인되고 있다.

'그레이트맨 프로젝트Great Men project'를 통해 소년과 청년들에게 워크숍을 진행하는 데이비드 브록웨이David Brockway는 하원 여성평등위원회에 나와, 소년들이 SRE와 PSHE사회 및 건강교육에 참여할 기회를 갖기 원하지만 그럴 기회가 늘 주어지지는 않는다고 말했다. "작년에 갔던 한 학교에서는… 지난 6년간 자신들이 여자아

이들과 함께 성희롱에 맞서 싸우고 자기 몸에 대한 긍정적 태도와 관련한 활동을 진행했다고 말하더군요. 내가 '남자아이들은 어떤 활동을 했습니까?'라고 물었더니, '아무것도 안 해요. 남자아이들은 그냥 비디오 시청을 하죠.'라고 답했습니다."[14]

남자아이들이 젠더 고정관념화나 관계 맺기에 관심을 보인다는 점도 중요하지만, 이러한 영역에 대한 남자아이들의 관심이 성평등을 위해 필요하다는 점이 보편적으로 인정된다는 사실은 더욱 중요하다. 영국 정부 여성평등위원회의 〈학교 내 성희롱과 성폭력 보고서〉는 "SRE는 소년과 청년의 입장을 무시하는 경우가 너무 많다. SRE는 남성성masculinity이라는 유해한 관념에 대한 도전으로 확장되어야 하고 소년들의 경험을 반영해야 한다. 또한 성희롱과 성폭력에 도전하고 이를 줄여나가도록 소년들을 지지해야 한다"고 말한다.

코넬R. W. Connell이 개발한 '헤게모니적 남성성hegemonic masculinity'이라는 개념은 남성성에 관한 이론에 엄청나게 큰 영향을 끼쳤다. 이 이론에 대해 켄웨이와 피츠클래런스는 남성성이 권력과 효능의 전반적인 사회, 문화, 제도적 양식을 기반으로 한 묶음이 되었고 상호 관련을 맺으며 구축되었다는 사실을 인식하는 이론이라고 설명한다. 이러한 남성성을 코넬은 각각 헤게모니적, 종속적, 공모적, 주변화된 남성성으로 부른다.

헤게모니적 남성성이란 최고의 지위를 차지하고 가장 강력한 영향력과 권위를 행사하는 지배적이고 우위를 차지하는 형태의 남성성이다. 백인, 중산층, 신체 이상이 없는 이성애자 남성이 여기에 해당한다. 종속된 남성성은 헤게모니적 남성성의 정 반대편에 놓이고 양자 모두 상대로부터 억압받고 압박을 받는다. 여기에는 '게이 남성성'이 포함되는데, '여성스러움the feminine'에 조금이라도 더 애착을 보이는 사람을 이 범주로 몰아넣어 그가 온갖 형태의 폭력을 겪게 만든다. 헤게모니적 남성성이란 현실의 남자들은 기대에 부응하지 않는, 설사 있다 해도 극히 소수만 있는, '진짜 남자a real man'란 무엇인지를 말해주는 이상형이다. 그럼에도 불구하고 어떤 남자가 여기에 부응하는가와 상관없이, 설사 시도조차 하지 않을지라도, 그는 여전히 "가부장적 배당금…, 여성의 전반적 예속 상태로부터 전반적인 이익을 취하는 남성의 유리한 위치"로 혜택을 입을 것이다. '공모적 남성성complicitous masculinities'에는 헤게모니적 남성성의 어떤 특징에도 들어맞지 않을지 몰라도 그러한 것들에 저항하지 않고 동경하는 남성들이 포함된다. 그들은 헤게모니적 남성성의 일부 혜택을 입을 것이다.

'주변화된 남성성marginal masculinities'은 계급과 인종 같은 구조가 젠더와 상호작용이 일어나는 곳에서 나타나고, 따라서 여기에는 흑인, 노동계급 남자 등이 해당한다. 이러한 주변적 남성성은 자기네 구역에서는 주변화되지 않을지는 몰라도, 그들이 지배적인 인종이나 계급에 의해 권한을 부여받은 정도까지만 구조적 권력을 행사할 뿐이다. 자신도 모르게 헤게모니적 남성성을 지지하는 여성성에는 고분고분함, 봉사, 복종, 자기희생, 그리고 남성들의 요구와 욕구에 호의적인 태도를 지닌 여성성이 해당한다.

서구 사회에서 헤게모니적 남성성은,

체력, 저돌성, 감정적 불편부당함, 확신, 통제력, 적극성, 자립성, 개성, 경쟁력, 쓸모 있는 기술, 공공 지식, 절제력, 사고력, 객관적 경향, 추리력을 동원한다. 반면에 육체적 허약함, 표현력, 비공식 지식, 창의력, 정서적 의존, 자기 본위, 불합리, 협력과 정서적 연민, 보살핌, 특정한 친화적 행동들에는 거리를 둔다.Kenway, 1997

폭력적인 남성들은 허풍떨기, 왜곡하기, 진가와 속성 및 행실 미화하기를 헤게모니적 남성성으로부터 선택적으로 흡수한다. 코넬은 폭력적인 남성들을 가부장제 아래서 비열한 짓을 수행하는 '돌격대'로 묘사한다. 이러한 틀로 문제를 바라보면, 교육 영역에서 남성성이라는 통념accepted ideas에 도전하고 이의를 제기하는 활동이 요구된다. 하지만 교육 영역이야말로 어쩌면 젠더와 관련해 문제가 많은 분야 중 하나일지도 모른다. 수많은 연구에서 부모와 보호자가 그들의 미취학 연령의 아들이 남자아이로서 완벽하게 인정받도록 하기 위해 주의를 기울이는 모습을 보인다. 그에 반해 여자아이에게는 설사 그로 인해 '톰보이'라는 꼬리표가 붙는다고 할지라도 훨씬 용인하는 태도와 유연성을 보인다. 이는 남자아이가 '가부장적 이익배당'으로부터 혜택을 입는다는 무의식적 인식과 어느 정도 관계가 있을 공산이 크다. 불평등한 사회에서 여자아이보다는 남자아이로 간주되는 게 이익이 훨씬 크기 때문이다. 또한 부모와 보호자들로서는 남자아이가 관습에 따르지 않으면 괴롭힘과 놀림에 시달리지 않을까 두려워할 수도 있다.

남성성을 특정하여 고찰하는 많은 활동과 기구가 지구적으로 존재한다. '남자들에게 고함A Call to Men'의 공동설립자 토니 포터 Tony Porter는 테드 우먼 강연TED Women에서 남자다움에 대하여, 그리고 가정폭력과 성폭력을 방지하는 데 남자들의 역할에 대하여 강력한 메시지를 전한다. 그는 세계 어느 곳에 사는 남자라도 "남자답게 행동"하지 말라고 요구하면서 자신의 삶에서 나온 공감할 만한 사연들을 들려줌으로써, 수많은 남자와 남자아이에게 주입된 이 의식 상태가 어떻게 남자들이 여자들을, 그리고 서로를 경멸하고 혹사하고 학대하도록 이끄는지 보여준다. 포터의 해법은 그가 '맨박스man box'라고 부르는 것으로부터 벗어나는 데 있다.

통념 8. 성평등은 초등학교에서 다룰 문제가 아니다. 성평등에 주의를 돌린다면, 오히려 이전에는 존재하지도 않던 문제를 만들어낼 것이기 때문이다.

나는 이 책 전체가 이 통념에 대한 문제 제기가 되기 바란다. "우리는 아이들을 모두 똑같이 대우한다.", "아이들은 너무 어려서 이해할 수 없다.", 혹은 어린 시절의 순수함이라는 통념common notion과 들어맞는 "아이들은 그러한 것들을 걱정할 필요가 없다."라는 주장들이 이 통념을 지지한다고 볼 수 있다. 〈어린이들이 젠더 표현을 배우는 과정〉은 젠더 정체성 발달이 어린 나이에 시작되기 때문에 젠더 고정관념이 단단히 자리 잡기 전에 따라잡는 일이 얼마나 중요한지 그 이유를 제시한다. 2장과 3장에서는 우리가 학교에서 어린이들을 젠더 교육에 참여시키건 그렇지 않건 간에 초등학교 어린이들은 성 역할gender roles, 관계 맺기, 젠더화된 기대치, 공정함에 대한 관념들을 발전시켜 나간다는 이야기를 한다. 성평등에 관한 어린이들의 비판적 인식을 고양하면 초등학교에서 그리고 나중에 청소년기와 성년기에 그들에게 반드시 나타날 문제를 해결하는 데 도움이 될 것이다. 〈초등학교에서 성평등 교육 시행하기〉에서는 초등학교 어린이들이 이러한 이슈들에 적극적으로 참여하게 할 방법들에 초점을 맞춘다.

통념 9. PSHE와 SRE 과목으로 충분하다.

성평등에 대한 분명한 교육의 역할을 초등학교의 커리큘럼 PSHE와 SRE를 통해 이루어지는 것은 당연하지만, 성평등이 학교의 총체적인 접근법으로 자리 잡을 필요가 있다. 다른 교과목에서 무엇을 할 수 있는지, 5장에서 그 예시들을 찾아볼 수 있다.

통념 10. 성평등 환경 조성과 긍정적 역할 모델 제시로도 충분하다.

성평등 환경과 긍정적 역할 모델이 필요하기는 하나, 연구에 따르면 그것만으로는 젠더에 대한 관념과 태도를 변화시키기에 충분치 않다. 연구 결과들은 토론, 비판적 인식, 문제에 대해 즉각적으로 대처하는 것이 얼마나 중요한지 알려준다. 젠더 존중 프로젝트에 참여한 교사들은 모두 〈어린이들을 위한 철학P4C〉 방법론을 훈

런받았고, 그 결과 젠더 이슈에 대한 어린이의 비판적 사고를 발달시키기 위해 P4C를 활용했다. 7장은 P4C를 활용하여 젠더 이슈를 사고하는 방법에 대한 아이디어 외에 젠더에 대한 솔직한 토론에 어린이를 참여시키는 방법에 대한 다른 사례도 포괄한다.

이 책 〈초등학교에서 성평등 교육 시행하기〉에서, 성평등 실행에 필요한 실질적 방안들은 'ICE'라는 머리글자로 불리는 모델을 다룬다. ICE의 IImplicit는 학교 안에서 젠더에 관한 메시지를 드러내는 모든 것, 즉 전시물과 자료, 언어 사용, 젠더화된 기대, 공감과 관계, 그리고 '보이지 않는' 커리큘럼을 포함한다. CCurriculum는 '교육 커리큘럼'이 젠더-포괄적gender-inclusive이도록, 역사에서는 누구를 배우는가, 수학에서는 어떤 예시가 사용되는가, 영어와 기타 과목들에서는 젠더가 어떻게 묘사되는가 등이 반드시 포함되도록 한다. EExplicit는 젠더 이슈를 직접 토론함으로써 비판적 인식을 발달시킬 방법을 말한다.

통념 11. 성평등을 다루는 활동은 본질적으로 우리의 최우선 순위여야 하는 트랜스젠더 학생들의 요구를 충족시키는 것과는 무관하다.

젠더 고정관념이 더 이상 자연스럽지 않게 되고 그것에 이의가 제기되는 전반적인 학교 환경이 만들어진다면, 모든 어린이가 인지된 젠더 규범에 순응할 필요 없이 자신들의 개별 정체성을 자랑스럽게 드러내고 발달시킬 수 있다. 〈어린이들이 젠더 표현을 배우는 과정〉에서 더 설명하겠지만, 어린이들이 자신의 젠더 정체성을 드러내는 방식은 젠더 선택의 '시장'을 구성하는 더 넓은 사회, 부모, 미디어의 제약을 받고, 그런 다음에는 또래들의 감시를 받는다. 젠더 관행을 따르지 않는 어린이들은 또래 집단 내 자신만만한 리더의 지위에 있지 않은 한 따돌림을 겪는다.

보고서들에 따르면 어린이들은 또래에게 문화적으로 형성되는 젠더 고정관념의 내용을 가르친다. 젠더를 기반으로 또래를 배제하고, 젠더 규범을 위반한 또래를 괴롭힌다. 극단적인 경우, 젠더 관행에서 이례적인 태도를 보이는 또래를 괴롭히고 물리적으로 학대한다.Lamb, 2009

최근 몇 년 사이 초등학생 중 자신을 논바이너리로 인정하는 어린이 수가 증대하는 현상에 대응해야 했다. 학교에서 트랜스젠더 이슈로 활동하는 단체들이 내놓는 지침에 따르면, 어린이 개개인이 드러내는 인지된 문제들에 반응을 보이는 데 머무를 것이 아니라 사전 대책을 강구할 필요가 있다. 이것은 학교가 젠더 다양성gender diversity과 관련하여 노력할 필요가 있다는 의미로, 어린이들이 젠더 낙인에 의해 신체적으로 제한받지 않고, 자신을 표현하고 관심을 보이고 행동할 수 있도록 학교가 돕는 것을 말한다.

이로써 어린이 개개인에게는 선택지가 늘어나고, 자신의 젠더 정체성이 출생 시 부여된 젠더 고정관념과 합치하지 않는다고 느끼는 어린이들은 널리 인정되고 '정상'으로 받아들여진다는 느낌을 받게 된다. 연구 결과에 따르면, 남성적 정체성masculine identities에 대한 자각과 성 정체성sexualities 사이에는 특별히 강한 상관관계가 있다. 자기 아들이 너무 여성적으로 인식돼 또래들에게 따돌림당할 가능성을 불식시키고자, 안전하게 젠더에 부합하도록 관심을 쏟고 이성애를 장려하는 많은 부모의 양육 태도가 연구 결과로 확인되고 있다.

아들을 둔 부모는 자기 아들이 분홍색이나 주름 장식이 많은 옷을 입는 것, 치마와 원피스, 타이츠를 입는 것, 어떤 종류든 여성스러운 복장으로 분장 놀이를 하는 것에 부정적 반응을 보였다. 어린 아들이 손톱이나 발톱을 다듬고 싶어 한다는 보고가 나오자, 매니큐어 또한 많은 부모의 걱정을 자아냈다. 춤, 특히 발레 그리고 바비 인형 역시 아들을 둔 부모에게 부정적으로 자주 언급되는 전통적으로 여성적인 활동에 속했다.Kane, 2006

공개적으로 우는 것을 우려하는 한 백인, 중상층, 이성애자 아버지는 다섯 살짜리 아들에 대해 "나는 그 아이가 계집애 같은 사내가 되지 않기를 바랍니다. 그 아이가 계집애처럼 울지 않고, 강하고 자부심 강한 모습을 보고 싶어요."라고 말했다.Kane, 2006

최근에는 레즈비언, 게이, 바이 섹슈얼 정체성을 용인하는 쪽으로 사회가 변하고 있기는 하나, 여전히 남자아이들과 남자들은 이러한 현상이 자신의 이성애에 대한 타인의 도전을 야기할지도 모른다는 두려움으로 인해 여성적 자질과 스스로 거리를 두는 경향이 있다. "여자다움을 보여주는 물질적인 꾸밈 말고도, 소극성과 과도한 감성 또한 이러한 헤게모니적 형태의 남성성에서는 확실히 피해야 할 것들이다."[Kane, 2006] "이성애 수행은 '진짜 남자아이real boy'의 탄생에 필수적이다."[Ranold, 2007] 게이 남성은 때로는 게이 남성이라는 게 전혀 문제될 게 없다고 여기기도 하겠지만, 이성애자 남성은 자신의 성 정체성에 대해 어떠한 의심이나 혼란이 생기는 것이 절대로 괜찮지가 않다.

따라서 성평등 이슈들은 젠더 다양성을 포용하는 학교 환경과 커리큘럼을 마련한다는 견지에서 볼 때, 불가분하게 LGBT[+] 평등 이슈들과 연결된다. 동성애 혐오, 트랜스젠더 혐오, 성차별적 따돌림은 성평등을 실행하면서 자진하여 전적으로 참여하겠다는 의지가 있는 학교만 효과적으로 맞서 싸울 수 있다.

통념 12. 소년과 소녀로 나누는 것은 젠더 이분법적이므로 더 이상 그런 식으로 이야기하지 않아야 한다. 젠더는 유동적이고 논바이너리이고, 언어는 모든 젠더를 포괄해야 한다.

교사들이 매일 소녀들이나 소년들이라는 말을 무심코 입 밖으로 내면서 (그리고 아이들을 여전히 소년, 소녀로 따로 줄 세우면서) 불필요하게 젠더 이분법을 강조하고 있는 건 사실이다. 하지만 소년과 소녀의 경험 사이에 그리고 그들이 자신들의 젠더를 '수행하는' 방식 사이에 명백한 차이가 있고, 어린이들이 '소녀'·'여자', '소년'·'남자'로 연관지어 이야기할 수밖에 없는 불평등한 권력 격차가 분명하게 존재하는 한, 이러한 호칭들은 여전히 유의미하다. 언젠가 완전한 성평등 사회가 온다면 그때는 성차를 규정할 필요성이 아예 없어질 수도 (아니면 어떤 사람이 스스로 일체감을 느낄 수 있는 수많은 젠더 정체성-현재 LGBT⁺와 관련지어 나타난다고 보이는-을 반영하도록 언어가 확장될 수도) 있다. 이 책에서 나는 필요한 경우에, '소녀들'과 '소년들'을 고정된 이분법적 젠더 범주를 함축하지 않은 채 언급한다.

개념 정의에 관한 주석

언어란 끊임없이 변하는 과정에 있지만 다음은 이 책을 쓰는 현재 시점에서 유의미한 정의들이다.[Safe Zone Project n.d.]

생물학적 성별Biological Sex, 명사
한 개인을 여성 혹은 남성 혹은 간성으로 분류하기 위해 사용하는 염색체, 호르몬, 해부학에 따르는 특징들과 관련지어 쓰는 의학용어이다. 간단히 '성별sex', '신체적 성별physical sex', '해부학적 성별anatomical sex', 혹은 구체적으로 '태어날 때 할당된(혹은 지정된) 성별'이라 부르는 경우가 많다.

젠더 표현Gender Expression, 명사

일반적으로 남성성과 여성성의 척도로 평가되는 복장, 태도, 사회적 행동을 비롯한 여타 요소들을 통해 어떤 사람의 성별을 대외적으로 드러내는 것을 말한다. '젠더 표시gender presentation'라 부르기도 한다.

젠더 플루이드Gender Fluid, 형용사

성별이 확정되지 않았다는 것을 가장 잘 설명한 표현은 남자아이와 여자아이의 기능적 혼합dynamic mix이라는 성별이다. 성별이 확정되지 않은 사람은 늘 전통적인 두 개의 성별이 섞인 것처럼 느끼기도 하지만, 어떤 날은 더 남자로, 다른 날엔 더 여자로 느끼기도 한다.

젠더 정체성Gender Identity, 명사

누군가의 성별에 대한 내면의 인식으로, 성별에 대한 자신의 선택을 스스로 이해하는 것과 얼마만큼 공개적으로 보조를 맞추는가에 근거하여, 자신을 어떻게 분류하는지를 말한다. 흔한 정체성 분류는 여자아이, 남자아이, 남자, 여자, 젠더퀴어(제3의 성), 성전환자 등이다.

이성애 규범성Heteronormativity, 명사

개인 사이에 혹은 제도적으로 모두가 이성애자라고 간주하거나 이성애가 다른 모든 젠더 정체성보다 우월하다고 간주하는 가정을 말한다. 이는 불가시성으로 그리고 다른 성 정체성에 대한 낙인찍기로 나아가게 된다. 이 개념에는 일정한 수준의 젠더 규범성과 성역할이 포함되는 경우가 많다. 다시 말해 개개인이 남자로 혹은 여자로 정체화해야 한다는 가정, 남자다운 남자나 여자다운 여자여야 한다는 가정, 궁극적으로 남자와 여자가 상보적인 한 쌍이라는 가정을 담고 있다.

LGBT⁺

레즈비언, 게이, 바이 섹슈얼, 트랜스젠더 등 이성애자가 아닌 다른 모든 정체성.

논바이너리Non-binary, 형용사

배타적인 남성이나 여성이 아닌 모든 성별.

트랜스젠더Trans/Transgender, 형용사

① 사회적으로 규정된 성별 표준을 벗어나는 다양한 젠더 정체성을 포괄하는 상위 용어. ② 해부학적 성을 바탕으로 기대되는 것과는 다른 성별의 구성원으로 살아가는 사람.

성평등 교육이란 무엇이며
왜 중요한가?

1. 어린이들이 젠더 표현을 배우는 과정
- 젠더 정체성 발달에 관한 이론들

"사람들은 대부분 남자아이들이 조금은 제멋대로라고 생각
하면서 나에게는 착하기를 기대한다고 생각해요." -7세 소녀

학교 내 성평등 활동의 주요 장애물 가운데 하나가 바로 여자아
이와 남자아이는 천성적으로 다르다는 완고하면서도 상식적인 확
신이다. 환경이 아이들에게 미치는 영향을 인정하는 사람조차 자
꾸만 의혹을 떨치지 못하는데, 그 이유는 눈앞의 증거를 기준으로
삼는 경우가 많기 때문이다. 자신의 어린 자녀나 교실에서 만나는
어린이를 통해 접하는 아주 강렬한 증거를 무시하기란 좀처럼 쉽
지 않다. 나는 다른 부모들이 지나가는 말처럼 나누는 대화를 자
주 목격하는데, 예컨대 남자아이들이 여자아이들보다 얼마나 더
난폭한지와 같은 것들이다. 최근에는 마치 개에 관한 얘기를 하듯
"아이들을 풀어 놓아야" 한다고 말하는 10대 남자아이를 둔 두 어
머니의 대화를 우연히 듣게 되었다. 부모들은 바퀴 달린 것이라면
무엇이건 가리지 않고 빠져드는 자기네 아들들 이야기를 들려주느
라 분주하다. 인형이나 다른 것으로 그 남자아이들의 관심을 끌어

보려 했지만 효과도 없이 그렇게 되고 말았다는 것처럼 말이다. 또한 유치원 교사들은 남자아이들이 슈퍼히어로나 된 듯 굴면서 돌격하기를 좋아한다거나, 열기를 발산할 야외 활동을 반드시 해야한다고 이야기한다. 대체로 이 같은 행동들이 여자아이들과 남자아이들의 타고난 차이를 설명해준다는 무언의 통념이다. 이 통념에 의문을 품는 사람은 거의 없고, 도리어 놀이 중에 드러나는 또 다른 요인은 없는지 궁금해하는 것 같다.

나의 절친한 한 친구는 자기 아들과 딸에게서 (아들은 더 과묵하고 덜 감정적이고 더 폭력적이라는 특성과 같은) 젠더 고정관념으로 여겨지는 차이점들이 보일 때면, 내게는 그 남매 또래의 두 딸이 있고 이 아이들 사이에서도 그 남매 사이에서와 유사한 차이점들이 나타나므로, 늘 자신에게 생기는 통념들에 의문을 품게 된다고 이야기했다. 생활 체험은 늘 연구 결과로 나온 증거보다 더 설득력을 갖는데, 그것이 개인적으로 더 특별한 의미로 다가오고 따라서 강렬하기 때문이다.

슬로터는 젠더 레볼루션Gender Revolution을 집중 조명한 2017년 《내셔널지오그래픽》 1월호 끝맺음 기사에서 칩 브라운Chip Brown의 발언을 인용했다. "어떤 행동은 정말로 타고난 것처럼 보인다. 내 큰아들은 말을 시작하기도 전에 바퀴, 트럭, 건설 기계류에 매료되었다." 그러나 이제는 어린이의 관심이나 성향이 젠더화된 형태로 발달하는 데는 부모들이 무심결에 보이는 기대와 반응이 중요한 요소가 된다는 연구 결과가 많이 나와 있다. 예컨대 11개월 된 자기 아기가 경사면을 기어오를 수 있는지 예측해보라는 질문을 받은 엄마들은 젠더화된 차이를 드러내는 예상 답변을 내놓았지만 아기들의 실행에서는 실질적인 차이가 전혀 없었다는 사실을 확인해주는 연구[Mondschein, 2000]도 있다.

가정에서 유아들을 성 중립적인 방식으로 키우려고 부모가 의식적으로 노력하는 경우에도, 다른 사람들의 기대를 비롯한 여타 환경적 요인들이 강하게 작동한다. 《젠더 어젠다》[15]라는 제목으로 출간된 @GenderDiary 계정의 트위터 타래 글과 블로그에 이 내용이 꼼꼼하게 묘사되어있다. 어린 딸과 아들을 둔 엄마와 아빠가 자기네 아이들이 여자아이인가 남자아이인가에 따라 다른 대우를 받으면서 그 아이들의 남성성과 여성성이 사회적으로 형성되어가는 모습을 경험에 기반한 설득력 있는 증거로 제시한다.

여자아이들과 남자아이들 사이에서 나타나는 차이들을 체험하면서 이를 납득하게 되는 교사들 또한 이러한 차이들이 선천적일 수밖에 없다는 검증되지 않은 믿음을 따른다. 만약 그러한 차이가 타고난 것이라면 이는 자연스럽고 아마도 타당할 것이기에, 우리가 그에 대해 무언가를 할 수 없을 뿐 아니라 해서도 안 된다는 논리다. 남자아이들은 어떻고 여자아이들은 어떠어떠하다는 교사들 스스로의 인식, 예컨대 여자아이들은 열심히 노력해서 성취하고 남자아이들은 선천적으로 영리하다는 문서를 통해 갖게 된 인식이 초등학교 교실에서 어린이들의 행위에 어떤 영향을 미치는지 교사들은 거의 염두에 두지 않는다. 레놀드의 연구를 인용하여 스켈턴과 프랜시스는 이렇게 썼다.

여자아이들은 재능이 없는데도 "뽐내고", "지나치게 자신만만"했으며, 그 중 한 소녀는 "자신이 생각하는 만큼 영리하지도 않다"고 교사들은 판단했다. 그리고 메이너드의 초등학교 연구에서는, 교사들이 성적이 낮은 남자아이들에 대해 "아직 개발되지 않은 타고난 잠재력이 있다"고 평가했다.

젠더 존중 프로젝트의 관찰 연구가 진행되는 동안, 학교에서 여자아이와 남자아이를 대하는 방식에 부당함을 느끼는지 질문을 받았을 때, 어린이들 가운데 몇몇이 남자아이는 버릇없이 굴고 여자아이는 사리에 맞게 행동할 거라는 교사들의 기대치가 있다고 확인해주었다. 2016년에 6학년(10~11세) 학급에서 초등학생을 가르치는 첫 해를 맞이한 나의 젊은 지인은 여자아이들이 자발적으로 나서서 깔끔하게 정리하고 매일 '교사에게 도움'이 되려 하는 점을 우려했다. 그는 나와 의논한 다음, 그 일을 남자아이들에게 부탁하기로 특별히 결정했다. 이제 그의 곁에는 여자아이들이 운동장에서 어울리도록 그대로 둔 채, 가끔씩 도움을 주는 열성적인 두 명의 남자아이가 있다.

만일 성차를 강화하는 결과를 가져올 수도 있는 자신들의 무의식적 편견을 인식하고자 한다면, 성차가 어떻게 생겨나는가에 관한 이론을 고찰하는 일은 교사들에게 반드시 필요하다. 이번 장에서는 인간을 비롯한 다른 포유류에서 성차가 타고난 것이라는 관념을 반박하는 간단한 논거들을 제시하겠다. 그리고 어린이들이 자신의 젠더를 '수행하는' 법을 실제로 배우는 방법에 관한 연구 결과들을 간추려 설명하겠다.

신경과학과 젠더

현재 영국의 상황은 《충돌: 화성남자 금성여자를 위한 행복의 전략》,[16] 《여자의 뇌, 여자의 발견》,[17] 《여성은 왜 남성처럼 될 수 없을까?》[18]처럼 인기 있는 책에서 주장하는 내용이 모두 신경과학에 바탕을 두고 있다. 즉, 생물학적으로 남자와 여자 사이에 '생래적으로 타고난hard-wired' 차이가 행동, 소질, 사고방식에서 전반적으로 보이는 차이의 원인이라는 것이다. 성별 분리 수업(separate sex teaching, 여자아이들이 단성집단으로 있을 때 더 나은 성과를 낸다는 등, 다른 근거들 때문이 아니라 전적으로 신경과학에 기초하여 소년들과 소녀들을 다른 방식으로 가르치는 수업)과 같은 교육 계획과 이른바 '두뇌기반학습'의 근거로 이러한 신경과학 연구가 활용된다. '생래적 타고남'이라는 이 관념을 반박하는 수많은 증거를 체계적으로 잘 논증한 비평서 《젠더, 만들어진 성》[19]에서 파인이 말하고 있듯,

뉴로섹시즘neurosexism, 즉 신경 성차별은 성에 관한 문화적 믿음을 반영하고 강요한다. 그것도 아주 강력한 방식으로 말이다. 이제 성에 관한 수상쩍은 '뇌의 실상brain facts'은 문화적 구전 지식의 일부가 되었다. …뉴로섹시즘으로 인해 되살아나

활기를 되찾은 젠더 싸이클gender cycle은 다음 세대로 이어질 준비가 되었다.

파인은 동물 무리에서조차 양육 역할에서 암컷과 수컷 사이 생물학적 차이가 아무런 영향을 미치지 않는 사례를 제시한다. 한 대륙에 사는 같은 종의 짧은 꼬리 원숭이라 해도 다른 지역의 각기 다른 무리는 서로 다른 방식으로 새끼 돌보기를 한다. 지브롤터에서는 수컷이 아기 돌보는 일이 매우 중요하기 때문에, 어린 수컷들이 자신들의 역할을 배우게 하기 위해 어린 암컷들을 새끼들로부터 멀리 떨어져 있게 한다. 모로코에 사는 같은 종은 수컷의 아기 돌보기가 훨씬 덜 중요하다. 이렇게 무수한 종마다 분비되는 호르몬이 동일하더라도 유아 돌보기를 비롯한 다양한 사회적 과제가 성에 따라 나뉘는 '보편적 패턴'은 없다. 파인은 신경과학의 연구 결과[20]가 '신경가소성neuroplasticity'을 암시한다는 점을 지적한다. 우리는 신경학상의 차이들을 본질적인 성차의 증거로 사용할 수도 있고, 동시에 신경학상의 차이들이 환경 요소들에 의해 야기된 것으로 간주할 수도 있다. 우리의 뇌는 우리가 놓인 상황에 적응한다.

파인이 뒤이어 쓴 학술적이면서도 재미있는 책 《테스토스테론 렉스:남성성 신화의 종말》[21]에서 상세히 설명하듯, 환경의 영향은 심지어 호르몬에서도 확인할 수 있다. 게다가 보통은 양육을 암컷들에게 넘기는 수컷 쥐들조차 새끼들과 함께 우리에 남겨지면, 얼마 지나지 않아 암컷들이 하는 것과 거의 똑같이 새끼들을 돌보기 시작한다. 파인은 반 앤더스가 인간을 대상으로 수행한 테스토스테론에 대한 흥미로운 연구를 언급하는데, 그 연구에서는 서로 다른 세 인간 집단이 각기 다르게 반응하도록 설정된 모조 아기를 돌보도록 임의로 지정된다. 여성에게 아기 돌보기를 시키는 전통적 남성으로 규정된 첫 번째 집단은 가만히 앉아서 아기가 우는 소리를 듣도록 지시받았다. 여성에게 아기 돌보기를 시키는 전통적 남성은 바로 그렇기 때문에 이 고된 후천적 기능에 한심할 만큼 미숙하지만, 아기 한 명과 함께 홀로 남게 된 두 번째 집단의 경우, 그 아기와 소통하도록 지시를 받고 아기는 그들이 무엇을 시도하건 간에 쉬지 않고 울도록 설정된다. 마지막 집단은 아기가 진정될 수 있도록 설정된, '진보적 아빠' 집단으로 지정되었다. 앞의 두 집단에서 남성들의 테스토스테론 수치는 상승한 반면, 마지막 집단에서는 그들의 애정 어린 돌보기가 소기의 성과를 거두면서 그 수치가 떨어졌다. 달리 표현하면 그 상황을 대하는 사람의 능력 여부에 따라 우는 아기가 테스토스테론에 미치는 영향은 달라졌다.

젠더의 사회적 구성
－어린이들은 젠더 '수행하기'를 어떻게 배우는가?

과거에 사회화 이론들이 설명한 바에 따르면, 어린이들은 중요한 의미가 있는 타인이 주는 메시지를 통해, 그리고 (짧은 꼬리 원숭이들과 흡사하게) 주변 사람들이 어떻게 행동하는지 관찰함으로써 그들의 젠더 정체성을 발달시킨다. 젠더 존중 프로젝트 컨퍼런스를 비롯한 여러 워크숍에서 질문을 받은 초등학교 교사들의 응답은 이것이 여전히 일반적인 해석임을 말해준다. 하지만 이 이론들이 가진 문제점은 이미 확인되었다. 젠더 정체성을 고정되고 일관된 것으로 가정했고, 어떤 관념은 수용하고 다른 관념은 기각하는 어린이들 속에 존재하는 다양성을 설명하지 못했으며, 결정적으로 권력에 관한 모든 쟁점을 무시한 것이다. 개인과 사회제도를 분리할 수 없는 상호의존적인 관계로 보는 후기구조주의 이론은 어린이들이 자신의 젠더 정체성을 사람 혹은 제도로부터 단순히 흡수하기만 하는 것은 아니라는 설명을 내놓는다. 어린이들은 보호자들에게서, 집에서, 미디어에서, 취학 전 환경에서 그들이 받은 다양하고 때로는 모순되기도 하는 메시지들을 활용하면서 개개인의 젠더 정체성들을 고쳐 만들고 발달시킨다. 맥노튼은 한층 더 나아가 이렇게 설명한다.

어린이는 '독서'와 경험한 것들에 대한 해석을 통해 적극적으로 의미를 구성하지만, 자신이 원하는 모든 의미와 모든 정체성을 자유롭게 구성하는 것은 아니다. 어린이가 이용할 수 있도록 허용된 대안은 제한받는다. 어린이는 관념의 '자유 시장'에 들어가지 못하고 고도로 통제된 시장에서 젠더 정체성을 형성한다. 어떤 의미들이 나머지보다 더 강력한 이유는 더 잘 통용되고 더 바람직하고 더 만족스럽고 타인에게 더 인정받을 수 있기 때문이다.

어린이의 보호자, 또래, 교사들은 이 '관념들의 시장' 구성에 기여할 것이고, 어쩌면 주류 문화에 대안이 되는 관념들을 제시할 수도 있지만, 마케팅을 비롯한 매스미디어도 여자아이 또는 남자아이가 무엇을 의미하는지에 대한 강력한 메시지를 보낸다. 이러한 메시지의 범위가 제한되는 현실에 대한 우려가 '완구가 완구일 수 있게Let Toys Be Toys'나 '핑크는 구려Pink Stinks' 같은 캠페인으로 나타났다. 결국 확실하게 라벨을 붙인 서로 다른 구역으로 여자아이들과 남자아이들의 완구를 분리하던 관행을 중단하도록 상점들을 설득시키는 데 어느 정도 성공했다. 2013년 6월 젠더 존중 프로젝트를 위해 셰필드의 상점에서 찍은 사진을 통해 여자아이들을 주제로 한 보육 놀이와 남자아이용 건축이나 전쟁놀이 완구 유형들을 구획한 우려되는 장면을 확인할 수 있다.

유년기에 젠더를 배우는 어린이들에 대한 2년간의 종적 연구에서 마틴은 (런던의 한 초등학교 부설) 유치원을 사례로 삼아 그곳을 배경으로 일어나는 경과들을 상세히 설명했다. 유치원에서는 젠더 규범이나 젠더 행동에 이의를 제기한다거나, 그러한 규범이나 행동을 확장하려는 어린이들을 지지한다거나 하는 식의 직원들의 개입이 전혀 이루어지지 않았다. 그들은 여자아이들과 남자아이들은 선천적으로 다르다는 믿음을 가졌고, 발달 측면에서 적절한 실습, 다시 말해 어린이 개개인이 규정된 발달 단계를 통해 성장할 수 있도록 적절한 자극이 되는 놀이 체험을 제공하는 교육에 가르침의 근거를 두고 있었다. 따라서 놀이에 대한 개입은 부적절한 것으로 여겨졌다.

　어린이들이 유치원에 처음 들어설 때, 일찍이 자신이 동일시하라고 배운 대상들, 즉 여자아이들 또는 남자아이들이 어떻게 행동하는지 먼저 관찰함으로써, 남성성 혹은 여성성이라는 공동체에서 진정한 구성원으로 수용되는 법을 배워가는 모습을 마틴은 관찰할 수 있었다. 이 유치원에서는 자유 놀이 시간이면 남자아이들과 여자아이들이 대체로 별도의 그룹으로 갈라지기 때문에, 새로 들어온 아이가 어떤 놀이 활동이 자신에게 적절한지 파악하고 그들과 함께하기 시작하여 '진정한 구성원'이 되기가 어렵지 않았다. 확

실히 자리를 잡아 인정받는 아이들은 새로 온 아이가 남자아이 혹은 여자아이로서 용납되지 않는 행동을 할 경우 다른 아이들에게 지시를 내림으로써 놀이 영역을 다스렸다. 그 영역을 가로지르고 싶어 하는 아이도 있었는데, 만약 그들이 자기 그룹에서 좀 더 자신만만한 아이이거나 리더일 경우, 아니면 다른 아이들의 뭇 시선에서 벗어난 상태에서 그렇게 하는 경우에는 가능했다. 예를 들자면 한 남자아이가 물이 든 쟁반에 인형을 씻기는 모습을 관찰했는데 다른 아이들이 그곳에 없는 상태였다. 마틴은 남자아이들과 여자아이들이 왜 동성 집단 안에서 놀고, 각기 다른 놀이 활동을 하는지 이해하는 데서 핵심은 아이들 사이에 놓인 권력관계라고 말했다. 이러한 특정한 환경에서 남자아이들은 슈퍼히어로 놀이와 건축 놀이를 포함해 축구, 전쟁놀이를 통해 권력을 잡고 공간을 지배한 반면, 여자아이들은 대체로 집의 구석진 자리의 역할극 구역과 줄넘기를 차지했다. 마틴은 여자아이들로 이루어진 한 그룹이 노란색 정글짐을 차지하고 그것을 '핑크'라고 부르며 서로 어깨를 걸고 외친 사건에 대해 설명한다. 핑크는 여자아이들에게 여성성의 상징으로, 남자아이들에게는 '오염원pollutant'으로 간주되었다. 마틴이 내린 결론 중 하나는 다음과 같다.

아이들이 자신의 놀이 선택 범위를 한정하는 이유는 다른 아이들에게 자신이 여자아이 혹은 남자아이가 할 온당한 행동에 대해 잘 알고 있다는 사실을 보여줄 필요가 있기 때문이다. 아이들은 어떤 행동 양식은 자신에게 즐거움과 인정을 가져다줄 것이고, 다른 행동 양식은 적대감과 조롱을 불러오리라는 것을 배운다.

패치터Paechter는 어떻게 초등학교와 중등학교라는 서로 다른 환경에서도 마찬가지로 유사한 과정이 발생하는지 설명한다. 그녀는 남성성이나 여성성은 유치하고 이기적인 남자아이들, 상식이 있고 이타적인 여자아이들과 같이 앞뒤가 꼭 들어맞는 수많은 젠더 이분법이 작동하면서 대립적으로 구성된다고 설명하는데, 젠더 존중 프로젝트 차원에서 수행된 관찰 연구에도 나타난다. 초등학생들과의 인터뷰에서 나온 것들로, 남자아이들(남성성) 혹은 여자아이들(여성성)과 상관성이 높은 특질들은 이러하다. '능동적이다/수동적이다(혹은 아름다울 뿐 재능이 없다)', '어리석다/상식이 있다', '이기적이다/이타적이다', '강하다/약하다', '영리하다/멍청하다', '용감하다/겁이 많다', '거칠다/부드럽다'. 우리는 한 아이가 한 말에 특히 충격을 받았는데, 그 아이는 "나는 축구를 하고 싶지만 엄청난 훈련을 받아야 해요. 그리고 내가 아까 비행기 얘기를 할 때도 말했듯,[22] 만약 우리가 슛을 하고 있다면 엉뚱한 슛을 날릴지도 모르잖아요? 그처럼 우리는 다 까먹어버릴지도 모르거든요."라고 말했다. 그 아이는 훈련이 어떤 일을 잘하게 해준다는 것을 잘 알고 있으면서도, 여전히 자신은 여자아이이기 때문에 잘 잊어버릴 수 있고, 따라서 슛을 성공시키지 못할 거라고 믿었다.

이러한 이원론 담론들을 익히는 '실행의 공동체들'은 다른 지역에 있는 서로 다른 학교의 어린이 집단에 따라 제각각이다. 따라서

각자의 학교에서 학생들을 잘 관찰할 것, 그리고 여성성과 남성성
이 형성되는 각기 다른 방식들에 관한 토론에 어린이들이 참여하
도록 할 것, 그리하여 계급, 젠더 정체성, 소수민족성, 장애 같은 여
타의 정체성들이 젠더와 어떻게 교차할 수 있는지 학생들이 인식
하도록 할 것, 이것이 바로 교사들이 해야 할 중요한 역할이다.

고정관념의 위협(사회 정체성 위협)

젠더 역할의 발달에 관한 또 하나의 이론은 '고정관념의 위협'이
라는 개념으로, 사회심리학자 스틸과 애런슨이 처음 제시하여 '고
정관념 위협 줄이기Reducing Stereotype Threat' 웹사이트에 상세하게
설명했다. 고정관념의 위협은 자신이 속한 집단을 한결같은 특징
을 가진 부정적 고정관념으로 공식화할 가능성을 말한다. 연구 결
과 다른 사람들이 가진 고정관념에 대한 자각이 6세에서 10세 사
이에 극적으로 증대되고, 이러한 자각은 고정관념의 위협 효과에
전제조건이 된다. 고정관념의 위협은 역할 모델처럼 자신을 둘러싼
환경에서 부지불식간에 작용하는 단서들, 공학이나 회화 같은 특
정 분야에서 자신이 속한 젠더의 존재감, 혹은 교실 안에 놓인 책
들에 의해서도 작동한다. 그리고 이것은 자신감에 영향을 미칠 뿐
아니라 뭔가 중요한 일을 할 수 있는 실제적인 능력에도 영향을 준
다는 사실이 증명되고 있다. 예컨대 수학 시험에서 시험의 시작 부
분에 자신의 성별을 기록해야 했던 여자들은 남자들에 비해 성적

이 낮게 나온 반면, 성별을 기록하지 않은 경우에는 동등하게 좋은 성적을 냈다. 칸에 체크 표시를 하는 것만으로 고정관념화의 위협 그리고 여성과 수학적 능력에 관련된 부정적인 체계 전반을 작동시킬 수 있다.

시험 시작 부분에 성별을 기록하거나… 시험을 보는 동안 소수 집단에 속하거나, 방금 머리 빈 연기를 하는 여성이 나오는 광고를 봤거나, 일부러 혹은 무의식적으로 성차별주의적 태도를 취하는 강사나 동료를 접한 여성들에게 고정관념화의 위협 효과가 나타난다.[파인, 2010]

연구 결과 사회적 민감성 테스트에서는 남자들이 고정관념의 위협에 영향받기 쉽다는 사실 또한 확인되었다. 수많은 초등학교 교실에서 남자아이들과 여자아이들을 반드시 따로 줄 세워 앉게 하지는 않는다 해도, 교사를 포함한 학교 구성원들이 남자아이들과 여자아이들을 분리된 그룹으로 언급하고 각각의 집단을 '어린이들'보다는 '남자아이들과 여자아이들'로 지칭함으로써 어린이들의 젠더를 끊임없이 부각시킨다. 이로써 고정관념의 위협이 작동할 가능성을 높인다.

이 책 실천편인 〈초등학교에서 성평등 교육 시행하기〉에서는 교사들이 숨겨진 고정관념들을 드러내는 활동에 어떻게 어린이가 스스럼없이 참여하게 할 수 있는지 살펴본다. 연구 결과에 따르면 직접적 개입이 없는 경우, 젠더 고정관념이 단단히 자리 잡은 어린이들은 고정관념을 거스르는 정보가 새롭게 들어올 때 이를 왜곡하여 양립시킴으로써, 고정관념을 줄이기보다는 오히려 강화하기 쉽다."[Liben, 2001] 이러한 직접적 개입에는 'P4C'(6장에서 교수 학습 지도안으로 설명된다)를 비롯한 대화 수업 접근법과 같은 방법론을 활용할 수 있다. 이로써 어린이들이 자신이 가진 통념에 의문을 갖고, 대안적 시각들을 공유하고, 서로 의문을 제기하고 독특한 관점에 대해 자신이 가진 논거의 타당성을 검토할 수 있도록 참여하는 것이 가능해진다. 젠더 고정관념을 벗어난 정보와 지식들, 대안적 역할 모델들, 역사적·지구적 차원의 상황들, 성차별을 강화하는 규범들에 도전하는 이야기들을 제시하는 것이 중요하다. 이 모든 것을 적극적으로 다루고 납득한다면 더할 나위 없다. 여자아이들에게 수학과 과학 능력의 자신감을 떨어뜨리고 남자아이들에게는 감성적 이해도의 약화를 가져오는 현상에 대한 '고정관념의 위협 줄이기' 권고에는 고정관념의 위협이 작동하는 방식을 드러내고 그것을 철저하게 비판적으로 검토하는 것도 포함된다. 다시 말해 누구든 고정관념화의 위협이 어떻게 작동하는지 꿰뚫어보게 되면, 그것은 더 이상 현실에 영향력을 발휘할 수 없게 된다.

2. 젠더 고정관념화
-스포츠와 직업 선택

"남자가 하는 그 일을 여자도 똑같이 잘할 수는 없어요. 왜냐하면 여자는 감전사할 수 있거든요. 하지만 남자는 훨씬 강하니까 그 일을 할 수 있어요."-7세 소년

21세기 영국 초등학교에서 어린이들 사이에 젠더 고정관념화가 존속한다는 사실이 연구 결과 확인됐다. 어린이들이 어떤 관점과 태도를 가졌는지 직접 알아보기 위해, 우리는 참여 학교들의 어린이 표적 집단을 대상으로 젠더 존중 프로젝트 차원의 관찰 연구를 수행했다. 그 결과는 이전의 대규모 조사 내용을 확증해주었다. 프로젝트에 참여한 교사들이 수행한 활동을 통해 유사한 관점과 태도가 학생들 속에서 확인되었고, 15개 학교 학생 180명 가량에 대한 관찰 연구 자료들을 활용한 활동에서는 3년 연속 같은 결과가 나왔다(2015, 2016, 2017년, 3차에 걸쳐 진행된 '셰필드 갈등해결교육학교훈련CRESST'의 또래 조정권 컨퍼런스 워크숍). 우리가 집중했던 두 분야인 스포츠와 직업에서는 특히 냉혹한 결과가 나왔다.

젠더 존중 프로젝트 관찰 연구 : 방법론

관찰 연구는 2014년 1~3월 중에 사우스요크셔주에서 진행된 젠더 존중 프로젝트에 참여한 학교를 대상으로 했다. 요크셔 지역의 대도시인 셰필드는 초등학교 세 곳, 중등학교 세 곳이 각각 다른 구역에 있다. 학교마다 사회경제적 특성이 서로 다르다. 도시 외곽에 있는 초등학교 한 곳은 주로 백인 학생이 다니고, 무상급식(부모들이 보조금을 받는 어린이들에게만 자격이 주어져서, 영국에서는 가난의 척도로 사용된다)을 거의 받지 않는다. 나머지 초등학교는 두 곳 모두 학생 대부분 소수민족 배경을 가졌으며 무상급식을 받는 수치가 평균을 넘는다. 하지만 이 특수한 연구에서 그러한 학교별 차이는 학생들의 태도에 어떤 영향도 미치지 않은 것으로 보였다. 세 학교 모두에서 일관된 태도가 관찰되었기 때문이다.

프로젝트에 참여한 각 학교에서 무작위로 선정한 소규모 단성 그룹을 대상으로, (스포츠나 체육, 직업, 감정과 신체 이미지 표현을 비롯한) 성별 역할, 여자아이들과 남자아이들의 관계, 공정함 혹은 불공정함에 대한 인식 등을 망라하는 질문들과 함께, 원활한 논의를 위해 그림을 활용한 인터뷰를 진행했다(부록1 참조). 질문들은 유도성을 갖지 않도록 고안되었고 질문자들은 우호적이고 중립적인 태도를 유지하려고 애썼다. 적절하거나 유익하다는 판단이 들때, "사회에서 이렇게 생각하는 사람들이 있는데… 어떻게 생각하는가? 무엇에 영향을 받았으며, 생각이 바뀌었는가?"와 같은 면밀한 후속 질문을 이어나갔다. 앞으로의 설명은 초등학생 연령의 학생들에게서 나온 결과에 중점을 두어 기술하겠다. 인터뷰에 참여한 50명의 연령 분포는 7세에서 14세까지였다. 인터뷰는 각각 30분가량 이어졌고, 기록과 분석이 뒤따랐다.

젠더 존중 프로젝트 관찰 연구 : 스포츠와 체육

초등학교 세 곳에서 일관되게 남자아이들이 축구를 더 잘한다는 답변이 대다수(남자아이 열두 명 중 여덟 명, 여자아이 열두 명 중 일곱 명)를 차지했다. 남자아이들과 여자아이들이 모든 면에서 동일하다는 답변은 여자아이와 남자아이 각각 한 명뿐(같은 학교)이었고, 경험과 기술에 달렸다고 말한 여자아이가 둘이었다. 여자아이들이 '정글짐과 응원'을 잘한다고 답한 남자아이가 두 명이었고, 여자아이들은 스포츠는 못 하고 '인형 같은 것들'을 갖고 논다고 말하는 다른 학교 남자아이 한 명이 있었다. 그리고 여자아이들이 줄넘기, 체조, 수영을 더 잘한다는 답변이 일부에게서 나왔다. 이러한 차이가 생겨나는 이유에 대해서도 세 학교의 모든 어린이가 상세히 설명했다. 두 학교에서 남자아이들의 설명은 고유한 능력(더 빠르다거나 근육이 더 많다는 언급을 열두 명의 남자아이 가운데 네 명이 했다)의 결과로 차이가 생긴다고 보는 경향이 나타난 반면, 여자아이들은 세 학교에서 일관되게 남자아이들에 의한 배제와 괴롭힘을 지적했다. 한 학교에서는 어떠한 차이도 명백하게 연습이나 관심 같은 요인들의 결과라는 남자아이들의 답변이 나왔는데, 어쩌면 그것은 그 학교 전반의 학습에 대한 성장 마인드셋growth mindset[23]의 반영일 수도 있다. 하지만 1장에 언급된 것처럼 여자아이들이 축구할 때 공을 엉뚱하게 찰지도 모른다는 견해를 내놓은 학생은 그 학교 여자아이였다.

세 초등학교 모두 응답하지 않은 단 한 명을 제외한 모든 여자아이가 자신이 축구를 하지 않는 주된 요인으로 남자아이들의 나쁜 행동을 들었다. 남자아이들이 너무 거칠어서 싸움이 일어나게 된다는 답변이 네 명, 남자아이들이 여자아이들을 배제하거나 남자아이들은 경기를 뛸 자격이 없다는 답변이 열두 명 중 열한 명이었다. 남자아이들이 여자아이들을 가담하지 못하게 하는 이유로 "자기네 스스로 형편없다고 생각해서"라는 답변은 두 명의 여자아이에게서 나왔고, 서로 다른 학교였다. 다음은 그밖에 여자아이들이 언급한 것들이다.

"남자애들은 우리랑 한 팀이 되고 싶어 하지 않아요."

"너희에게 소질이 있을 리가 없다, 그 애들은 그렇게 말해요."

"그 애들은 우리가 여자아이라는 바로 그 이유 때문에 농구를 못 한다고 생각해서 우리를 끼워주지 않는 거예요."

"남자애들은 당연하게 말해요, 자기네는 축구를 잘하고 여자애들은 못 한다고요."

"여자애들은 소질이 없지만 자기네는 잘할 수 있다는 게 남자애들이 늘 하는 말이에요."

"남자애들은 간혹 '에이, 너희는 축구에 소질이 없어, 우린 잘하지'라고 하는데, 우리도 소질이 있어요."

"흔히 남자애들은 여자애들은 축구에 관심이 없는 것 같다며 우리가 축구를 못 하게 해요."

"남자애들은 자기네가 우리의 대장인 줄 알죠…. 축구를 잘 못 하는 여자애들을 놀리면서 괴롭혀요."

"남자애들은 이기적이어서 축구 같은 걸 하면 공을 자기네 만 갖고 있으면서 주지 않으려 해요."

여자아이 가운데 자신이 축구에 흥미가 없다는 답변은 하나도 나오지 않았다. 한 명만이 남자아이들이 그렇게 여길지도 모른다 (남자아이 두 명이 그렇다고 인정했다)고 답변했을 뿐이다. 남자아이 도 젠더 고정관념에서 벗어난 스포츠를 하고 싶어 하는 경우에는 다른 남자아이들에게 놀림을 받는다고 지적한 여자아이가 있었다.

"제 보모에게는 남자아이 둘이 있는데, 한 명이 체조를 해 요. C가 '나는 체조를 해'라고 말하자, B가 그 아이를 비웃었 죠. 그건 C가 남자아이였고 B가 생각하기에 남자아이들은 체 조를 안 하니까, 그건 남자아이들에게는 우스꽝스러운 일이었 기 때문이에요."

인터뷰가 진행되는 동안 남자아이 가운데 한 명이 실제로 "농담 은 그만두세요, 축구 하는 여자아이라니요!"라며 여자아이와 축구에 대한 부정적인 태도를 드러냈고, 농구 하는 남자아이들을 지켜보고 있는 그림 속 여자아이를 보며 "한심한 여자애 같으니!"라고 조롱했다. 다른 남자아이는 농구 그림 속의 "남자애들이 여자아이의 마음에 상처를 주고 있을 거예요… '넌 남자아이가 아니니까 못 하는 거야'라고 말이에요."라고 말했다.

셰필드 갈등해결교육 학교훈련 컨퍼런스에서 혼성 집단 어린이들에게 사진을 활용한 작업들을 거듭하는 과정에서, 운동장 축구에서 여자아이를 배제하는 일이 15개 학교 전부에서 사실로 확인되었다. 여자아이들이 매우 격정적인 반응을 나타내고 남자아이들이 그렇다고 인정하는 상황이 다시 일어나고 있었다.

이러한 결론은 영국에서 지난 20년간 이루어진 상당수의 연구 결과와 일치한다. 패치터는 "영국 환경에서, 남성성은 압도적으로 축구에 대한 참여를 통해 형성된다."라고 설명한다. 젠더 존중 프로젝트 관찰 조사에서 한 여자아이가 "남자아이들은 축구에 대해서만 생각해요. 그 애들 머릿속에서는 축구가 떠나지 않거든요."라고 말하면서 이 사실을 확인해주었다. 이어서 패치터는 "우위를 차지한 모든 남자아이는 학교 안에서건 밖에서건, 노는 시간이면 언제나 축구를 했고, 그것은 그들이 아주 어려서부터 그렇게 해온 것이었다. 실제로 축구에서의 성공은 남자아이가 또래 집단에서 지위를 획득하는 데 핵심으로 보인다."라고 자신의 연구에서 말했다. 그리고 논지를 이어나가 "축구를 우세한 남성성의 중심으로 보는 남자아이들의 인식은 여자아이들-과 종속적인 남자아이들-은 배제되어야 하고, 그들의 참여는 무시되거나 경시되어야 한다는 의미"라고 말한다. 1500명의 젊은이를 대상으로 이루어진 〈여성용 경기 종목 변경Changing the Game for Girls〉이라는 최근의 조사는 여자아이들이 일부 남자아이를 "과도하게 경쟁적이고, 분별없고, 오만하다"고 여긴다는 사실을 확인해주었다.

개인의 입장과 체험에서 분명하게 드러나는 종합적인 패턴들이 초등학교 세 곳에서 동시에 나타난다 할지라도, 그러한 경향과는 어울리지 않는 나머지 반응을 덮을 수는 없다는 점이 중요하다. "우리는 똑같다고 생각해요. 남자아이도 수영할 수 있고 여자아이도 수영할 수 있거든요. 어떤 여자아이는 권투를 할 수 있고요…. M은 축구도 하는걸요."라고 입장을 밝힌 남자아이도 있었기 때문이다. 나중에 그 아이는 "나는 여자아이들이 계속해서 축구를 할 수 있다고 생각해요. 나랑 A가 축구 하러 가는데 거기에는 L이라는 여자아이가 있어요. 어떤 여자아이는 코치고, 여자아이 축구팀도 있잖아요."라고 말했다.

한편 같은 학교 남자아이 가운데 다른 한 명(남자아이들이 축구를 더 잘한다고 이야기했고 남녀 간의 차이점들을 끊임없이 강조했던)은 여전히 자신이 원하는 바를 명백히 했다. "남자아이들의 경우엔 체조하는 모습도 TV에 나오는데, 축구 하는 여자아이들은 보이지 않잖아요. 밤 시간이나 되어야 여자아이들을 볼 수 있단 말이에요. 이를테면 토요일 밤 TV엔 남자아이들이 축구 하는 장면이 나오는 반면, 여자아이들은 일요일 밤이나 되어야 나오는 거죠!" 한 여자아이가 자신이 목격한 장면을 들려주었는데, 그것은 여자아이들이 주로 하는 놀이에 남자아이들이 용기를 내지 못해

단념해버리는 상황을 보여주었다. "내가 친구들이랑 줄넘기를 하고 있을 때 거기 한 남자아이가 있었는데 그 아이가 그냥 가버렸어요. 줄넘기를 하는 남자아이가 아무도 없었기 때문이죠." 그리고 또 다른 여자아이는 여자아이들이 축구를 하지 않는 이유로, 어쩌면 다른 여자아이들이 자신을 어떻게 생각할지 우려하기 때문일 수도 있겠다는 의견을 내놓았다.

젠더 존중 프로젝트 관찰 연구: 직업과 경력

여자아이 중 절반 이상(열두 명 중 여덟 명)이, 남자아이들은 절반을 약간 밑도는 수(열두 명 중 다섯 명)가 아이를 돌보는 남자 사진이 마음에 든다고 말했다. 싫다고 표현한 어린이는 없었다. 어린이들은 그것이 낯설어 보이기는 하지만 남자들이 아이를 돌보는 걸 좋은 일이라고 보는 것 같았다. 흥미롭게도 우리가 또래 조정자 컨퍼런스에서 그 작업을 수행했을 때는 육아에 참여하는 남자들의 모습을 담은 사진에 아주 격렬한 반응이 나왔다. 당시 일부 어린이는 "남자들은 아기를 보살피는 일에 어울리지 않아요."라거나 "남자들은 그 일에 힘을 쏟을 수가 없어요."라거나 "여자들이 그 일을 하고 싶어 해요."라고 매우 강력하게 주장했다. 프랜시스도 자신의 연구에서 실제로 그러하다고 확인해주면서, "어린이들이 여성 건축가나 여성 대형트럭 기사에 보이는 지지와 비교해 남성 보육자에 대해서 지지를 덜 보낸다는 점에서, 그간의 기회 균등

논의가 전통적으로 남성의 것이었던 일을 수행할 수 있는 여자들의 능력에 초점을 맞추어 왔음을 의미한다"고 결론지었다. 그로부터 20년이 지난 시점에도 육아에 열중하는 남자건 건축에 몰두하는 여자건 간에 젠더 고정관념을 벗어난 직업들에 대해, 여전히 반감 아니면 뜻밖의 일이라는 반응이 나온다는 사실은 흥미롭다. 그 관찰 연구가 진행되는 동안 세 초등학교에서 공통되게, 여자 지붕 수리공과 여자 전기기사의 모습을 담은 사진에 대한 반응이 가장 분명하게(뜻밖의 일로, 혹은 반감이나 찬성으로), 그리고 가장 구체적으로 나왔다. 세 초등학교에서 모두 나타난 반감에 대한 남자아이들의 설명은 '강하다/약하다'는 남성적/여성적 이분법과 잘 맞았고, 일부 남자아이들이 여자들을 향해 취하는 보호적 태도와 들어맞았다.

"남자가 하는 그 일을 여자도 똑같이 잘할 수는 없어요. 왜냐하면 여자는 감전사할 수 있거든요. 하지만 남자는 훨씬 강하니까 그 일을 할 수 있어요."–7세 소년

"남자아이들이 해야 한다고 생각해요. 그 일은 정말로 위험하거든요. 인색하게 굴고 싶지는 않지만, 여자아이들은 남자아이들만큼 강하지 않고, 여자아이는 전기 충격을 받아서 병원에 가야 할지도 몰라요. 넘어져서 자신이 어디 있는지조차 모를 수 있어요."–9세 소년

"여자가 사다리를 오르면서 무거운 물건을 어떻게 들 수 있을까 싶어서죠…. 떨어질지도 모르니까요."-9세 소년

"남자들이 해야죠. 숙녀들이 떨어지면 심하게 다치겠지만, 남자들이 떨어질 경우엔 그렇게 심하게 다치진 않을 테니까요."-9세 소년

어쩌면 몇몇 여자아이가 여자가 남자보다 많이 알지도 못하고 유능하지도 못하다(경쟁력이 있다/없다, 영리하다/어리석다의 이분법)고 간주하는 태도야말로 (고정관념화된 위협이 소녀들에게 촉발될 가능성이 있기 때문에, 1장 참조할 것) 이 연구와 훨씬 더 큰 관련성을 보일지도 모른다.

"여자아이들은 비행기를 조종한다거나 그런 일에 익숙하지 않고, 때로는 자신들이 무슨 일을 하고 있는지도 모를 수 있어요. 심지어 그들이 훈련을 받았다 하더라도 잊어먹을지도 몰라요."-9세 소녀

"정상적으로는 남자들이 물건들을 고치고 제법 어려운 일들을 하죠. 그런데 대신에 그 일을 여자가 하고 있잖아요."

－7세 소녀

표1 남자와 여자가 다른 직업을 갖는 이유

남자와 여자가 다른 직업을 갖는 이유 (각각의 이유를 선택한 학생들의 숫자)	소년	소녀
여자들에게 위험하다/다칠 수 있다	5	0
남자들이 더 강하다	4	2
여자들은 보석류를 착용해서 밖에서 일하면서 도둑맞을 수 있다	2	0
남자들에게 더 어울린다	1	0
여자들이 능력이 떨어진다/지식이 부족하다	0	4
여자들은 주로 육아를 한다	2	2
여자들은 높은 곳을 무서워한다	0	1
결정권자들이 남자여서 여자들에게 일자리를 주지 않는다	0	1
여자들이 놀림을 받을지도 모른다	1	0
여자들은 대체로 집안일을 한다	2	1

세 학교 모두에서 젠더 고정관념에서 벗어난 역할을 수행하는 여자들의 숫자가 부족한 이유로 남학생들 다수, 그리고 여학생 중에서도 일부가 그들의 타고난 능력(이나 능력 부족)이라고 생각했다. 실제로 건축이나 전기 관련 일에 여자들이 참여하는 것에 반감을 가지는 경우도 있었다. 하지만 두 학교에서는 이 경향에 주목할 만한 예외가 있었다. 성평등을 지지하는 적극적 입장을 취한 한 남자아이가 다른 어린이들과 논쟁을 벌이며 학교와 집에서 자신이 겪은 사례와 경험에서 나온 사려 깊은 근거들을 제시했다.

"여자들이 남자들보다 강하지 않다는 것이 사실일 리가 없는 이유는 여자들이 요리를 하기 때문이에요. 여자들은 무겁고 커다란 솥들로 요리를 하는데 그게 그들을 더 강하게 해줘요…. 만약 당신이 여자이고 가게에서 일을 하고 있다면 유리병들이나 그처럼 큰 자전거 상자들을 들어 올려 선반에 놓아야 해요."-9세 소년

일찍이 인터뷰에서 "남자들이 요리를 하고 차를 운전할 권리가 있듯, 여자들도 똑같은 권리가 있어요. 만약 남자들이 크리켓 경기를 한다면 여자들도 크리켓을 할 수 있어요."라고 말한 남자아이였다. 그 아이는 이어서 인터뷰가 진행되는 동안 말랄라와 만델라, 마틴 루서 킹을 언급하며 성평등과 인종평등을 연관시켰다.

"사람들이 파키스탄과 시리아에서는 여자들이 학교에 가는 걸 허용하지 않는다고 말하지만, 우리가 거기에 맞서 싸운다면 말랄라처럼 해낼 수 있어요…. 그(만델라)는 자유를 원했어요. 백인들이 이 만큼(양손으로 보여주며) 원했고, 흑인들도 그만큼 원했고, 그들은 평등하길 원했어요…. 넬슨 만델라와 미국의 마틴 루서 킹, 그들이 모든 걸 바꿨고 평등하게 만들었어요."

그 사람들에 대해 어떻게 알게 되었는지 묻자, 그 아이는 학교에서 조례를 통해 배웠다고 말했다. 그 학교의 프로젝트 교사로부터 교사 가운데 한 분이 세계 이슈에 대한 좋은 조례를 진행했다는

이야기를 확인할 수 있었다. 학교가 그 아이의 생각에 영향을 준 것인지도 모른다. 왜냐하면 그러한 생각들은 학교 바깥의 고정관념에 의문을 품는 직접 체험들에 의해 강화되기 때문이다. 마찬가지로 세계 이슈에 대한 정기 조례가 있는 또 다른 학교에서, 특히 그 소년이 보인 반응과는 뚜렷하게 대조되는 차이(예컨대 '남자들이 훨씬 더 강하고, 남자들이 할 수 있다')는 학생들의 연령대 차이(7세와 9세 사이)로 인한 것이거나, 어쩌면 학생들 집에서의 경험(혹은 실제로 이 제한된 연구가 밝히지 못한 다른 요인들)과 연관이 있는 것인지도 모른다.

세 번째 학교의 남자아이들도 자신들이 경험한 것을 이용해 다른 어린이의 주장을 반박했다. "나는 동의하지 않아요…. 어떤 여자들은 조종사로 일하기 때문이에요. 언젠가 내 나라에 갔을 때, 비행기를 모는 여자들을 봤어요. 조종사로 일하고 있었죠."

포부Aspirations

모든 학교의 학생이 자라서 어떤 종류의 일을 하고 싶은지 질문을 받았다. 이것은 소표본이기는 했지만 학생들의 선택에서 뚜렷한 패턴을 보이는 점이 흥미롭다.

의사, 경찰관, 전기 기사 등은 여자아이들과 남자아이들이 유일하게 동시에 언급한 세 가지 직업이었다.

STEM(Science, Technology, Engineering, Mathematics 표2에 음영 표시된 항목들) 관련 직업은 남자아이들은 열네 명인 데 비해 여자아이들은 불과 아홉 명만이 선택했다. STEM 관련 직업 중

표2 어린이들의 직업적 포부들

직업	소년	소녀
경찰관	2	3
의사	1	4
치과의사	1	0
조산사	0	1
간호사	0	1
수의사	0	2
엔지니어	3	0
건축가	3	0
게임 디자이너	2	0
전기 기사	2	1 (컴퓨터 고치는 사람)
발명가	1	0
동물원 사육사	1	0
변호사	0	1
교사	0	1
보육교사	0	1
기자	0	1
사서	0	1
축구선수	5	0
레슬러	1	0
헤어드레서	0	1
피부미용사	0	2
요리사	0	2
농부	0	1
소방관	1	0
승무원	1	0
택시기사	1	0

배우	1	0
예술가	1	0
TV 감독	1	0
마약 밀매자	1	0
댄서	0	1
백만장자	1	0

에서는 여자아이 아홉 명 가운데 여덟 명이 돌봄 직업이라고 말할 수 있는 것들을 선택한 데 반해, 남자아이들은 열네 명 가운데 세 명만이 (사람 혹은 동물에 대한) 돌봄과 관련있다고 말할 수 있는 직업을 선택했다. 나머지 눈에 띄는 사항들로는 축구선수(표2에 음영 표시)가 되고 싶다고 말한 다수의 남자아이들이 있다는 점, 건축가와 엔지니어는 남자아이들만 언급한 데 반해 미용사와 피부미용사는 여자아이들만 언급했다는 점이다. 학생 가운데 일부는 그들의 선택 근거에 대해 그 일을 잘한다거나 좋아한다는 것처럼 분명한 근거와는 거리가 먼 이유를 댔다. 몇몇 남자아이들은 영국 혹은 파키스탄에 있는 가족을 보살피기에 충분한 돈을 벌 수 있는 점이 중요하다고 했는데, 이는 가족을 먹여 살리는 부양자가 되어야 하는 남자들의 책임에 대한 전통적 믿음을 내비친 것이다. 프랜시스의 연구 결과도 남자들의 선택에서 보이는 과학/스포츠 경향과 대비되어 여성들의 선택에 나타나는 예술/돌봄 경향과 유사했다. 그녀는 다음에도 주목했다.

전통적으로 다른 성별이 수행한 직업을 선택한 어린이는 거의 없었다. 여자아이 한 명이 과학자를 선택했고, 한 명이 영화감독을, 한 명이 소방관을, 세 명이 사무변호사를 선택했다. 남자아이 중에서는 성별 장벽을 뛰어넘은 유일한 한 명이 미용사를 선택했는데, 이는 남자아이가 여자아이보다 직업에서 성별 경계를 넘어서려는 의지가 훨씬 덜할 수도 있다는 것을 시사한다.

두 가지 연구 결과가 모두 젊은이의 직업 선택에서 나타나는 젠더 고정관념화된 패턴과 들어맞는다.

견습직을 포함한 직업 선택 범위가 심하게 젠더를 반영하고 있고 대다수 연수 과정에서 백인남성이 압도적으로 우세하다. 건축과 배관 같은 일반적인 선택지들은 90% 이상이 남성이고, 건강과 사회적 돌봄, 미용업은 90% 이상이 여성이다.

여자아이들의 직업 포부에 대한 교육기준청의 연구에서도 유사한 패턴이 확인되었는데, 여자아이들이 결국 젠더 고정관념을 벗어난 직업을 선택하게 될 때, 그것은 멘토 활동을 통해, 그리고 개인적인 접촉 및 그들이 갖게 될 직업이 실제로 어떠한지에 대한 전문가와의 긴 토론을 통해, 그리고 그 전문가가 일하는 모습에 대한 직접 관찰이라는 체험 때문이었다. 〈전국학생데이터베이스〉의 분석을 활용하여 영국의 모든 학생을 GCSE 과목부터 A 레벨 과목까지 등급화한 것에 대한 연구인 '클로징 도어스Closing Doors'[2013]에서,

물리학협회가 확인한 바로는 영어, 생물, 심리학은 '여자아이들'이
우세하고, 수학과 경제학은 '남자아이들'이 우세하다.

프로젝트에 참여한 초등학교 교사들은 젠더 존중 프로젝트 관
찰 연구 결과와 프로젝트에 참여한 학교에 다니는 어린이에 대한
관심사를 측정하기 위해 수행한 여타 연구와 활동들을 통해 나온
증거를 결합하여, 스포츠와 직업에 초점을 맞추어 몇몇 수업을 개
발하고 실행에 옮기게 되었다. 6장에서 이러한 수업들에 대해 교안
을 첨부해 설명한다.

3. 여자아이들과 남자아이들의 관계

"지나치게 대담해서 창녀처럼 보이지 않을 만큼의 화장을 해야 해요." -12세 소녀

젠더 존중 프로젝트를 진행하는 동안 내내 일관되게 되풀이되는 골치 아픈 주제가 있었다. 초등학교뿐 아니라 중등학교 단계에서도 여자아이들과 남자아이들의 관계가 해결하기 어려울 만큼 심각해 보였다는 점이다. 이 문제는 앞 장에서 운동장 축구와 관련하여 사례를 들었지만, 여타 부문의 관찰 연구에서도 나타났고 학생들과 함께하는 교실 수업 중에 지속적으로 나타났다.

"남자애들 대부분이 여자애들이랑 놀려고 하지 않아요. 남자애들과 여자애들은 함께 어울려 노는 걸 좋아하지 않아요…. 남자애들은 수업 중에 여자애들 가까이에 아예 오지 않아요…. 그냥 우리를 무시하는 거죠." -9세 소녀

"간혹 남자애들이 여자애들을 몹시 불쾌하게 만들기도 해

요…. 남자애들이 뚱뚱하다고 놀려서 여자애들이 화가 날 때도 있거든요."-9세 소녀

"여자애들이랑 친구 하고 싶지 않아요. 남자애들에게 익숙하거든요. 나는 남자애고 내가 쓰는 말은 여자애들이랑은 달라요."-9세 소년

"맘에 드는 사진이 단 하나도 (소녀들과 소년들 사이 우정을 보여주는 사진들) 없어요. 여자애들이랑 친구 하는 게 싫으니까요."-9세 소년

"그 애들(여자아이들)은 늘 돌아다니고… 우리 얘기는 들으려고도 안 해요. 그 애들은 정말 쉬지도 않고 이야기를 해요."
-9세 소년

"여자애랑 친구를 할 수는 없어요. 여자애들도 그럴걸요."
-7세 소년

"조별 활동에서 남자아이들이랑 같이 앉았더니 그 후로 모두가 떠들어대기 시작했어요."-12세 소녀

초등학교는 어린이의 친목 그룹이 남자아이들과 여자아이들로 분리된다. 그리고 그 결과 발생하는 부정성은 관계 속에서 성희롱

및 성폭력과 관련된 실질적 문제점들이 파악된 중등학교에서 더욱 경멸하는 관계로 나아가는 토대를 형성하는 것으로 보인다. 연구를 통해 우리는 여자 친구 혹은 남자 친구로 관계를 성애화하는 이성애 중심의 문화가 일찌감치 시작된다는 것을 확인했다. 심지어 네 살짜리조차 여자 친구를 들먹인다. "아이들little boys이 사내다움을, 심지어 남성임을 표시함으로써 자신이 '진짜 남자아이'라는 것을, (정의定議상) 이성애자라는 것을 입증해야 한다.Epstein, 2001 레이놀즈의 연구는 어떻게 초등학교의 맨 위 학년인 "6학년 남자아이들(10~11세)이 이성애 관계를 맺고 실행하고 활용하는지… 그리고 이성애 수행이 '진짜 남자아이'의 탄생에 얼마나 필요불가결한지" 보여준다.

젠더 존중 프로젝트를 통해 남자아이들과 여자아이들 사이에 청소년기 이후로도 심각하게 문제 많은 성적 관계sexual relationships에 원인을 제공하는 것으로 보이는, 두 가지 주요 쟁점을 확인했다. 바로 남자아이들에게서 보이는 감성적 이해력 결핍, 그리고 여자아이와 여자에 대한 사물화다.

남자아이들의 감성적 이해력 결핍

감정을 인정하고 감정에 대해 이야기할 수 있다는 것은 개인의 정신 건강은 물론이고 어떠한 대인 관계에서도 중요하다. 관찰 조사에서는 초등학교와 중등학교의 남자아이들과 여자아이들 모두에게서 남자들이 울 줄 알아야 한다고 생각하는 분명한 유형이 나타나기는 했지만, 그런 일이 흔치는 않으며 놀림을 유발할 수 있다는 인식이 상당했다. 실제로 여자아이 스물다섯 명 중 열여섯 명이 남자들이 울어도 괜찮다고 말했다. 남자아이들(스물다섯 명 중 열네 명)에 비해 약간 많은 수다. 초등학교 두 곳에서 여자아이들이 남자들이 우는 걸 보는 게 흔한 일은 아니라고 덧붙였다.

"아빠가 우는 일은 몇 년 동안 없었어요."-7세 소녀

"남자애들은 보통 울지 않아요…. 하지만 그게 금지된 건 아니죠."-9세 소녀

남자아이들이 울 경우 놀림을 당할 위험에 대해 초등학교 두 곳의 아홉 살 여자아이들이 이렇게 덧붙였다. "남자아이들이 운다면, 사람들은 그 아이들이 유약하다거나 뭐 그렇다고 간주하면서 놀릴걸요.", "남자아이들이 정말로 울지 않는 이유는 그 아이들이 자기들이 용감해질 수 있다는 걸 사람들에게 보여주고 싶어 하기 때문이에요." 하지만 또 다른 여자아이는 "때로 우리는 울고 싶다는 걸 사람들에게 보여주고 싶지 않아요. 하지만 울어야 하고 참지 말아야 해요. 안 그러면 마음속에 맺히니까요."라고 지적했다. 그러나 양쪽 학교 모두에서 아홉 살 남자아이들은 남자들이 우는 것에 대해 긍정적이었다. "슬픈 일에 안 우는 게 이상할 거예요.", "제가 쏜브리지에 갔을 때 정말로 슬펐고, 전화를 끊어야 했을 때는

울음이 터졌어요.", "그건 전혀 쑥스러워할 일이 아니에요." 남성성과 이성애 규범성 사이의 연관성은 열세 살 남자아이가 내놓은 이 의견에서 볼 수 있다. "남자들이 사실은 그렇지 않은데도 게이나 레즈비언으로 불리는 일을 겪지 않은 채, 다른 남자들에게 감정을 표현할 수 있으면 좋겠다고 생각해요." 초등학교 한 곳과 중등학교 한 곳에서, 남자아이 중 세 명이 남자들이 우는 것에 부정적이었다. "걔네들 겁쟁이 같잖아요.", "여자아이들이 비웃을 것 같아요. 언젠가 내가 넘어졌는데 여자아이들이 나를 보고 웃었거든요."(7세 소년) 열한 살 남자아이는 "만약 이유도 없이 운다면… 그건 진짜로 남자답지 못하잖아요?"라고 말하고는, 키득거리면서 한 남자아이가 울음을 터뜨렸던 어떤 상황에 대한 설명을 이어나갔다.

소녀들과 여자들의 신체에 대한 사물화

소녀들과 여자들은 그들의 신체를 사물화하는 체험을 멀티미디어 소비를 통해서뿐 아니라 일상의 대인 상호작용을 통해서도 하게 된다. 그런데 이것은 "레즈비언과 이성애자 여자를 통틀어 나타나는 자기 사물화, 습관적 신체 검열, 신체수치심, 마른 이상형 내면화… 그리고 섭식장애"Szymanski, 2011와 결부되면서, 정신 건강에 부정적 영향을 주는 것으로 확인되고 있다.

관찰 연구에서 한 초등학교의 여자아이 두 명이 여자들의 신체와 관련하여 몸무게와 근육에 대한 설명을 언급한 사실은 주목할 만했다. 한 여자아이가 "그 아이(제시카 에니스)가 뚱뚱하지만 않다면 자신이 어떻게 보일지 상관하지 않을 거라고 생각해요."라고 말했고, 또 다른 여자아이는 "식스팩을 갖고 싶지는 않아요…. 우람한 근육이 생기지는 않았으면 해요…. 뚱뚱해지지 않을 거예요, 다들 뒤에서 수군댈 테니까요."라고 말했다. 나중에 그 아이는 "남자애들이 뚱뚱하다고 놀려서 여자애들이 화 날 때도 있어요."(9세 소녀)라고 분명하게 말했다. 2017년에 18세에서 19세 사이 여자 여섯 명을 대상으로 온라인으로 진행된 표적 집단 토론에서, "일곱 살이 될 때까지 나는 자칭 뚱보였어요."라고 열아홉 살 여자가 어릴 적 기억을 떠올렸을 때, "맞아요, 나도 '코리Corrie'를 시청하는 동안 늘 실내운동용 바이크에 올라 앉아있곤 했죠."라고 또 다른 여자가 동의했다. 7세에서 21세 사이 1600명의 소녀들과 여자들의 의견을 조사한 걸스카우트의 〈의식 조사Girls Attitudes Survey, 2016〉에서, 7세에서 10세 사이에서는 17%가 자신이 살을 빼야 한다는 기분이 든다고 했다. 이것은 11세에서 16세 사이에서는 54%로 높아졌고, 17세에서 21세 사이에서는 66%로 상승했다.

그들은 외모가 자신들에게 가장 중요한 것—아주 어린 꼬마들이 느끼기에 중요한 것—이라고 느끼지 않을 수 없다고 말하고, 나이가 들수록 그 생각은 커져갈 뿐이라고 말한다. 그들은 살아가는 동안 성공하는 데 외모가 중요하고, 남자와 비교해 여자에게는 이중 기준이 있다고 여긴다. "최근 5년 사이에 우리는 소녀들이 그들의 외모에 만족하는 정도가 현저히 감소하는 현상을 목격하고 있다. 2011년에는 7세에서 21세 사이의 73%가 자신들의 외모에 만족했으나, 2016년도에는 61%로 감소했다."[Girlguiding, 2016]

소녀들이 자신 및 타인의 외모를 매우 세심하게 감시하고, 심지어 검열한다는 징후가 관찰 조사를 통해 확인되었다.

"지나치게 대담해서 창녀처럼 보이지 않을 만큼의 화장을 해야 해요. 화장을 너무 심하게 하면 다들 친구가 되어주지 않을 테니까요…. 우리는 소녀티 나는 여자아이들이 아니에요…. 우리는 뭘 입어야 하는지 등 모든 것을 알고 있는데, 그건 남들이 다 입는 그런 것들이죠."–소녀, 12세

'창녀[tart]'라는 단어의 공공연한 사용은 '행동을 집단적으로 단속하는 처녀/창녀 담화'를 논한 이전의 연구[Paechter, 2007]와 들어맞는다. 여자아이들은 불감증으로 보이거나 혹은 너무 쉬워 보이거나 하는 것 사이에서 여전히 아슬아슬하게 곡예하는 것처럼 보인다. 또한 그들 대부분이 자신의 외모가 남자아이들에게 '잘못된' 메시지를 주지 않도록 확실히 하느라 에너지를 소모하는 것 같다. 젠더 존중 프로젝트에 참여한 교사 가운데 한 명이 자신이 일하는 중등학교에서 여자아이나 남자아이를 묘사하는 데 사용되는 언어를 조사하여 이 연구를 이어나갔는데, '갈보[slag]'와 같이 여자아이들을 향한 부정적 언어가 널리 퍼져있다는 사실을 확인했다. 2010년에 16세에서 18세까지의 788명을 대표 표본으로 삼아 실시한 유고브[YouGov] 여론조사에서, "16세와 18세 사이 연령(즉, 소년소녀들)

의 71%가 학교에서 여학생들을 향해 '잡년slut'이나 '갈보' 같은 말로 부르는 성적인 욕설을 일상적으로 혹은 일주일에 수차례에 걸쳐 듣는다고 말한" 사실을 확인했다.

포르노그래피와 성희롱이 미치는 영향

어디서나 볼 수 있는 소녀들과 여성들의 신체에 대한 사물화는 포르노그래피에 대해 수월한 접근성, 감정을 나눌 줄 아는 기능과 감성적 이해력을 결핍한 수많은 소년의 상태와 결합되어, 관계를 맺어나가는 젊은이들에게 어쩌면 치명적인 중독성 칵테일을 제공하는 것과 같은 영향을 미친다. '일상의 성차별 프로젝트Everyday Sexism Project'의 운영자인 로라 베이츠Laura Bates는 '젠더 리스펙트-유스 이펙트' 컨퍼런스에서 젊은이들에게 미치는 포르노그래피의 영향에 대해 이야기하면서, 자신이 방문한 한 학교에서 있었던 사건에 대해 설명했다.

"교사 한 분으로부터 최근에 열네 살 남자아이가 가해자로 연루된 강간 사건이 발생했다고 전해들은 학교에 간 적이 있습니다. 당시 한 교사가 그 아이에게 '그 여자아이가 울음을 터뜨렸을 때 왜 멈추지 않았지?'라고 물었더니 이런 대답이 돌아왔다고 합니다. '여자아이들이 섹스 도중에 우는 건 정상이니까요.' (2016 하원 여성평등위원회에서 증언으로 인용되기도 함)

〈집단적 아동 성착취Child Sexual Exploitation in Gangs and Groups〉에 대한 영국 아동국의 조사는 베이츠의 '일상의 성차별' 사이트[24]에 잘 기록된, 경험에 근거한 증거들을 사실로 확인해주었다.

포르노그래피의 이용과 그에 대한 어린이들의 접근은 우리가 조사를 시작한 첫 해 동안 핵심 주제로 등장했다. 그것은 어린이 강간 혐의로 체포된 후 목격 진술을 한 남자아이들에게서 나왔는데, 그중 한 명이 마치 "포르노 영화 속에 있는 느낌"이었다고 말했다. 여자아이들과 남자아이들 양쪽 모두 그들이 시청한 포르노그래피로부터 얻어진 섹스에 대한 기대치를 빈번하게 들려주었다. 그리고 전문가들로부터 10대를 비롯해 그보다 더 어린 아이들이 극단적이고 폭력적인 이미지들을 담고 있는 포르노그래피에 일상적으로 접근하는 수준이 어느 정도인지 걱정스러운 이야기들을 들을 수 있었다. 우리는 너무 많은 남자아이가 언제, 어느 때라도 그들이 원하기만 하면 어떤 상대와 어떤 방식으로도 섹스를 할 수 있는 절대적 권리를 가졌다고 믿고 있다는 설득력 있는 증거를 확인하기도 했다. 마찬가지로 걱정스럽게도 우리는 여자아이들이 그들 자신의 바람과는 무관하게 자기들에게는 남자아이들의 요구에 굴복하는 것 말고는 아무런 대안도 없다고 느끼는 경우가 너무 흔하다는 것도 알게 되었다.

다른 몇몇 보고는 영국에서 젊은이들 사이에서 일어나는 성희롱 문제를 조명했다. 앞서 언급한 유고브 여론조사에서 16세에서 18세 사이 소녀들 가운데 3분의 1이 학교에서 자신들이 원치 않는 성적인 신체접촉을 겪었다고 밝혔고, 또 다른 3분의 1은 휴대전화에서 성적인 사진들을 자주 본다고 대답했다.

교육협회Institute of Education가 NSPCC 차원에서 수행한 〈어린이, 젊은이, 그리고 '섹스팅sexting'[25]에 관한 질적 연구〉는 소셜미디어 사이트들과 이동전화를 통해 공유되는 '섹스팅'과 성적인 자료를 둘러싸고 이루어진 연구조사를 심도 깊게 논한다. 블랙베리 메신저와 페이스북이 여기서 핵심적 역할을 한다. 젊은이들은 순응하라는 압력을 느꼈으며, '음흉한 사람'이나 '밀고자'로 불릴까 봐 두려워 벌어지는 일에 대해 누구에게도 털어놓을 수 없다고 느꼈다. 그들이 흔히 쓰는 말은 (뒤에서 건드리는) '대거링daggering'과 '터칭업touching up'이었고, 이는 그들이 일상적으로 겪는 일이었다. 젊은이들, 특히 남자아이는 다른 어린 여자아이가 자신에게 보낸 사진이나 영상들을 받아 '노출'시키곤 하는 사이트들에 대해 설명했다. 이러한 사이트들은 대체로 여성들을 비하한다. 젠더 존중 프로젝트에서 함께 활동한 한 대학원생이 빠른 검색 한 번으로 페이스북에서 '헤픈 사람들을 폭로해보자'와 같은 다양한 사이트들을 찾아냈다. 젊은이들은 '섹스하다' 혹은 '사랑하다' 대신에 특별히 폭력적인 유사 대용어나 비속어로 '비트beat나 비팅beating'이라는 말을 사용했다.

이 연구조사의 중요한 결과 중 하나는 젠더화된 권력관계가 어느 정도로 젊은이들의 삶을 완전히 파괴하는지 조명한다는 점이다. 섹스팅에 대해 이해하려면, 철저하게 정상이 되어버린 성차별이 온·오프라인을 불문한 모든 관계의 조건을 어느 정도로 구성하는지… 여자아이들과 젊은 여자들의 신체가 여하튼 남자아이들과 젊은 남자들의 소유물이라는 깊이 뿌리내린 관념이 어느 정도인지 알아야 한다…. 특정한 남성성을 보여주지 못하는 소년에게는 '게이' 딱지가 붙을 위험이 따른다…. "만약 그들이 벌거벗은 소녀 사진을 갖고 있는데 당신이 그들에게 '그건 옳지 않아'라고 말한다면 그들은 지체 없이 당신을 게이라고 생각할 걸요."(표적 집단, 10학년 소년)

이러한 문제점들은 더 낮은 연령의 아이들에게서도 확인되었는데, 온라인으로 포르노그래피를 처음 접한 시기가 열두 살 이하인 비율이 거의 4분의 1(24.6%)에 해당하고, 열 살 이하인 경우가 7.3%였다(2016 하원 여성평등위원회). 교사 1507명을 대상으로 한 NASUWT 조사에서는 "온라인으로 성적인 내용을 보거나 공유하는 학생이 62%로 보고되었고, 이는 초등학생 연령대 어린이 여섯 명 중 한 명꼴이다."

걸스카우트가 동일한 위원회에 제출한 서면 보고서에 따르면, "7세에서 12세 여자아이 가운데 22%가 남자아이들로부터 성적인 성격의 농담을 경험했다. 12%는 여자아이들과 여자들에 대한 저속한 사진과 저속한 낙서를 목격했다. 그리고 10%는 원치 않는 신체 접촉을 겪었다.""성희롱은 '초등학교, 특히 5~6학년에서는 당연히 일어나고', 5~6학년에서 일어나는 행위로는 '치마를 들쳐 올리고 바지를 당겨 내리는 행위'가 포함되는데, '어떤 아이들은 치마 입기를 두려워'한다."(2016년 하원 여성평등위원회에 제출한 Wirral 보고서 내 Brook 표적 집단) 18세에서 19세 표적 집단에 속한 앨리스는 이렇게 답했다.

"우리보다 한 학년 낮은 남자아이 한 명이 나랑 몇몇 다른 여자아이에게로 왔어요. 우리는 5학년이었는데, 우리를 '잡년', '암캐bitch', 이런 성적인 단어들로 불러대던 기억이 나요. 나한테는 그때 '매춘부hoe'라고 했는데, 내가 그게 무슨 뜻인지 몰라 그 아이가 나를 말이라고 부르는 줄 알았던 게 다행이었던 것 같아요, 하하하."

같은 표적 집단의 또 다른 소녀 캐리스는 이렇게 말했다.

"초등학교에서는 섹스와 관련된 모든 게 모욕으로 사용될 수 있는 것 같기는 해요. 한 남자아이가 나에게 다가오더니 나를 모욕하려고, 그게 무슨 뜻인지 명확히 알지도 못하면서 '넌 처녀야'라고 말한 게 기억나요. 그런데 난 알고 있었죠. 그래서 '응, 그래.'라고 했죠, 하하하. 그런데 좋은 말이건 나쁜 말이건 간에, 문자 그대로 섹스나 관계에 관련된 모든 말이 초등학교에서는 좋지 않은 것 같아요. 왜냐하면 아무도 우리에게 그것에 대해서는 전혀 알려준 게 없었고, 정보가 없으니까 모두가 그런 것들에 적대적이기만 했던 것 같거든요."

캐리스의 의견은 초등학교에서 세심히 계획된 '관계와 성교육'의 중요성을 말해준다. 그리고 학교에서 이를 위해 사용할 수 있는 많은 지침이 나와있다.[26·27]

6장에서 초등학교 어린이들에 적절한 PSHE와 RSE 수업 계획에 관한 예시가 나온다. 신체 이미지, 동의, 포르노그래피와 관련된 이러한 쟁점들을 고려했다.

헤게모니적 남성성, 과도하게 강조된 여성성과 연관된 감성적 이해력 문제, 그리고 소녀와 여자에 대한 사물화 문제는 소년, 소녀 개개인은 물론이고 그들이 서로 맺는 관계에도 영향을 미친다. 이 책을 쓰고 있을 때, 영국과 미국에서 소년과 남자에게서 나타나는 정신 건강 문제가 어느 정도인지에 대해 많은 보고가 나왔다. 해리 왕자와 축구선수 리오 퍼디낸드처럼 세간의 주목을 받는 사람들이 나서서 자신이 슬픔을 처리하기가 얼마나 어려운지에 대해, 그리고 남자가 자신의 감정에 대해 이야기하는 것의 중요성에 대해 공개적으로 말함으로써 갈채를 받은 캠페인들 덕분이었다.

예컨대 그들이 혼성 집단 안에서 서로에게 귀를 기울이고 협력하는 것을 배울 수 있도록, 무심코 내뱉는 성차별적 언어나 말들에 대해 학내 전반에 걸쳐 문제 제기를 할 수 있도록 하면서, 학교에서 여자아이들과 남자아이들이 잘 협력하도록 좋은 관계를 맺게 해주는 방법을 찾는 일 또한 중요하다. P4C는 교실 공동체에서 관계를 구축하는 데 효과적인 방법론이다. 어린이들은 집단의 모든 구성원에게 주의 깊게 귀 기울이는 법을 배우고 논쟁적인 이슈에 관한 토론에 기여할 가치 있는 뭔가가 누구에게나 있다는 것을 깨닫는다. 그것은 또한 어린이들이 소셜 미디어와 광고를 통해 접촉하는 정보에 응용할 수 있는 비판적 사고를 발달시켜 주기도 한다. '배려하는 사고caring thinking'와 '비판적 사고critical thinking'는 P4C에서 똑같이 소중하게 여기기 때문에, 소년을 포함해 모든 어린이가 자신과 타인의 감정에 대한 세심함을 발달시키고 그들의 생각뿐 아니라 감정까지 분명히 표현하는 법을 배운다. P4C에 관해서는 6장에서 더 볼 수 있다.

💡 이 장에서는 초등학교에서 성평등을 실현하기 위한 현실적인 아이디어를 제안한다. ICE라는 두문자어는 학교 교육에서 가능한 모든 측면을 압축해서 보여준다. I는 암시적이고 비공식적인Implication or information 커리큘럼을 통해, C는 정규과정에 따른 커리큘럼을 통해, 그리고 E는 젠더 문제를 명확하게 직접 가르치는 것을 의미한다. 성평등에 관한 학교 정책은 ICE를 모두 포함할 필요가 있으며, 평등법 2010에 따라 영국의 일반적인 평등정책에 부합해야 한다. 이러한 접근은 평등을 다양한 측면에서 통합적으로 고려할 수 있게 하고, 성평등에서 교차성intersectionality[28]을 분명하게 인식하게 한다. 모든 교직원과 운영위원이 학부모 대표들과 조율하여 도출한 문서화된 공식적인 학교 정책은 성평등을 향한 학교의 총체적 접근을 가능하게 하고, 가정과 학교의 가치가 충돌할 경우 교사들을 위한 필수 지침서가 되어줄 것이다.

초등학교에서
성평등 교육 시행하기

4. 암시적:
드러나지 않거나 비공식적인 커리큘럼

4장에서는 '숨겨진' 커리큘럼을 이해하는 것이 초등학교의 성평등에 어떻게 기여하는지 살펴본다. 이 커리큘럼은 '학습자, 교사, 공동체가 의도치 않게 갖게 되는 가치와 신념, 커리큘럼의 뜻밖의 영향, 학습 과정의 예기치 못한 측면들'을 말한다. 학교에서 젠더에 대한 가치, 태도, 규범은 교사들이 드러내는 기대와 행동, 조직의 프로세스, 물리적·언어적 환경, 어른 사이의 관계, 어른과 아이의 관계, 아이들 사이의 관계를 통해 암묵적으로 전달된다. 5장에서 다룰 공식적 커리큘럼뿐 아니라 비공식적 커리큘럼의 여러 영역을 다루는 것은 중요하다. 이것이 젠더에 대한 태도와 생각을 진정으로 바꾸는 데 꼭 필요한 적극적이고 공개적인 개입(6장에서 다룬다)의 배경을 형성하기 때문이다. 나는 각 제목 아래 중요 항목별로 짧은 설명과 생각해볼 질문을 제시했다. 이 질문들을 포함해 초등학교 성평등 체크리스트는 부록2를 보라.

교사의 기대와 아이들의 학습에 대한 태도

젠더 존중 프로젝트 관찰 연구의 인터뷰에 응한 아이들은 교사들이 가진 젠더화된 기대를 아주 분명하게 알고 있었다. 특히 교사들이 남자아이는 철없는 '개구쟁이'라고 여기는 반면 여자아이는 사려 깊다고 여긴다는 것을 알고 있었다. 한 학교에서 남자아이들이 어떤 식으로 말썽을 일으키는지 이야기해 보았는데, 네 명의 여자아이가 입을 모아 남자아이들이 더 많은 문제를 일으킨다고 말했다. "남자애들은 늘 싸우기 좋아하고… 보통 정말 크게 소리를 질러서 문제를 많이 일으켜요. 보통 여자애들은 그러지 않아요."(9세 소녀) 또 네 명 중 세 명은 남학생들이 말썽을 부려서 교사에게 더 많은 관심을 받는 것이 문제라고 보았다. 한 여자아이는 "누구도 특별한 관심을 받아서는 안 돼요. 종종 선생님들이나 부모님들은 남자애들이 싸우기 때문에 걔들에게 관심을 가져요."라고 말했다.

또 다른 학교에서 남자아이들은 자신이 어떻게 인식되는지를 명확히 알고 있었다. 이들은 여자아이들이 교사들로부터 더 신뢰받고, 더 많은 혜택을 받는다는 데 동의했다. "제멋대로인 여자애들은 좋아하지 않아요. 바르고 착한 여자애들만 좋아해요."(9세 소년)라고 말하기도 했다. 세 번째 학교에서 저학년인 7세 학생들의 응답은 '철없는 소년'과 '사려 깊은 소녀'라는 이분법을 강화시킨다. 한 남자아이는 "여자애들은 보통 남자애들보다 착해요. 남자애들은 보통 버릇이 없기 때문이에요."라고 말했다. 한편 여자아이는 자신을 착한 아이로 기대하는 것이 불공평하다고 느꼈다. "사람들은 대부분 남자애들이 조금은 제멋대로라고 생각하면서, 나에게는 착하기를 기대한다고 생각해요."(7세 소녀) 언급된 학교 중 한 곳의 남자아이는 교사들이 소녀들과 더 친근한 관계를 맺으려는 듯한 모습을 불공평하다고 느꼈다. "많은 선생님이 여자애들이랑은 늘 얘기하면서 남자애들과는 그러지 않아요."(9세 소년)

프로젝트 대상 학교에서 조사한 학생들에 대한 인식은 앞선 연구 결과가 보여주는 것과 별 차이가 없다.

교사들은 남자아이들이 가만히 있지 못하고 형편없는 집중력을 보이며 계속 앉아있기 힘들어하는 경향이 있다고 생각한다. 또 남자아이들이 더 미숙하고 품행도 불량하며 학습의욕도 떨어진다고 믿는다.Jones, 2004

이런 교사들의 시각을 학생들이 알아차린다는 사실도 연구를 통해 알 수 있다.

아이들은 교사들이 학생들의 행동, 과제 수행 실력, 처벌과 칭찬 정도 등에 있어서 남자아이들과 여자아이들에게 다른 기대를 갖고 있음을 분명하게 인식하고 있다.Warrington, 2003

우리는 젠더 자체에 주목하는 교사들의 태도를 7~8세 아이들이 어떻게 인식하는지 연구했다. 연구는 교사들이 여러 상황에서 젠더를 아이들의 동기부여 수단으로 사용하거나 행동 통제 수단으로 사용한다는 사실을 보여주었다. 예를 들면 남자아이들은 IT와 수학에 특히 관심이 많다고 여겨졌고, 여자아이들은 읽고 쓰기와 발표에 재능이 있는 것으로 여겨지면서 이런 측면이 특정 젠더 집단 아이들의 동기부여에 활용되었다.Skelton, 2007

연구를 통해 교사들이 여자아이와 남자아이의 행동을 다르게 기대할 뿐 아니라, 과목별 성취에 대해서도 다르게 기대하고 있음을 알 수 있다. 씸피안Cimpian과 동료들은 미국의 수학분야 성별 격차를 연구했는데, 여성들이 학문적으로나 행동에 있어 비슷한 또래 남성에 비해 한결같이 과소평가된다는 사실을 발견했다. 다른 연구들은 교사의 차별적 인식이 아이들에게 전달되는 방식을 제시했다. 교사들이 여자아이들은 열심히 공부해서 성취하는 반면 남자아이들은 원래 영리하게 타고났다는 차별적 인식을 갖고 있으며, 여자아이들에게는 노력을 칭찬하고 남자아이들에게는 타고난 재능을 칭찬하는 방식으로 감정적 반응과 피드백을 아이들에게 전한다는 것이다. 이것은 기록으로 나타나는 아이들의 학습에 관한 태도를 반영하거나 입증해준다. 연구는 다음과 같이 말한다.

여자아이들은 남자아이들에 비해 주어진 과제에 대한 자신들의 성과를 저평가하는 경향이 매우 강하다. 여자아이들은 실패도 다른 방식으로 해석한다. 남자아이들이라면 자신의 실패를 노력 부족, 시험이나 교사 같은 외부적 요인의 부적절함 등으로 돌렸을 것인데, 여자아이들은 스스로를 책망하고 자신의 능력 부족을 탓하는 경향이 있었다.Skelton, 2003

두 가지 태도는 서로 다른 방식으로 문제가 있다. 남자아이들이 자신들의 성취를 타고난 능력에 관련된 것으로 보는 경향은 노력의 중요성을 과소평가하고 그로 인해 시험에서 소녀들보다 낮은 성적을 받게 된다는 의미일 수 있다. 반면 자기 확신이 결여된 여자아이들에게는 자신감을 약화시키고 그로 인해 역량까지 약화시킬 수 있다. 최근 많은 학교가 학습에 대한 아이들의 '성장 마인드셋growth mindset'[29]을 개발해 '고착 마인드셋fixed mindset'에 대응하려고 애써왔다. 타고난 능력보다 의지와 노력으로 성공할 수 있다는 점을 강조하는 학교의 학습 문화가 중요하다. 그러나 역설적으로 여자아이들에게는 다른 아이들처럼 충분한 능력을 타고났음을 알려주기 위한 보완 활동이 필요할 수 있다.

최근 연구 결과들은 교사들에게 수학과 읽기에서 아이들 각자의 타고난 능력과 노력에 대해 균형 있는 피드백을 주고, 아이들이 능력과 노력 양쪽 모두에 대한 감수성을 갖게 해주라고 제안한다. 숙련된 지도와 함께 능력은 향상시킬 수 있다는 관점을 심어주어야 함은 물론이다.Kamins, 1999

드웩이 '과정 칭찬하기process praise'라고 부르는 것이 건강한 성장 마인드셋을 고무할 수 있다. '과정 칭찬하기'는 인내와 노력, 도전의식을 고취한다. "어려운 과제였는데, 넌 끈기 있게 해냈어.", "정말 열심히 하더니, 보람있겠구나." Miracle, 2015

학생들에게 성장 마인드셋을 가르친다면, 그들이 고정관념의 위협으로부터 영향을 적게 받을 것이라는 근거도 있다. 드웩은 두뇌학Brainology 2008에 이렇게 썼다.

부정적으로 고정관념화된 학생들은 (예를 들어 수학 분야에서의 여학생, 수학과 언어 영역에서의 흑인과 히스패닉계 학생) 성장 마인드셋 워크숍에 참여함으로써 상당히 긍정적인 영향을 받았다. 고정관념은 고착 마인드셋의 전형적인 딱지들이다. 고정관념은 불확실한 특성이나 능력이 고정되어있으며 어떤 집단은 그것을 갖고 있지만 다른 집단은 갖고 있지 않다고 암시한다. 고정관념에 의해 고착된 마인드셋 메시지로부터 많은 해악이 초래된다. 성장 마인드셋은 수행에 차이가 날 수 있다는 점을 부정하지 않는다. 그러나 능력을 습득할 수 있는 것으로 설명하고, 부정적으로 고정관념화된 학생들에게 자신감을 북돋우는 메시지를 보낸다. 학생들은 새로운 학습의욕과 약속으로 이 메시지에 응답한다.

교사들이 여자아이와 남자아이를 평등하게 대하려고 의식적으로 노력하는 초등학교 교실에서조차 사회에서 만들어진 젠더 고정관념이 퍼져있다면, 사람들의 행동에 영향을 미치는 무의식적 통념으로부터 누구도 자유로울 수 없다. 무의식적 편견이 도처에 있다는 것은 지난 20년간 미국 심리학자들이 잘 기록해왔다. 이제 영국에서 이것을 이해하는 일이 주요한 흐름이 되고 있다. 실제로 물리학위원회Institute of Physics[2015] 지침 '오프닝 도어즈Opening Doors'는 모든 중등교사에게 무의식적 편견에 대한 연수를 받도록 제안했다. 나는 가족과 여성, 남성과 직업의 관련성에 관한 하버드 대학의 온라인 테스트IAT[30]를 해보았는데, 내가 이 특정 연관성에 대해 '중간 정도의 편견'을 갖고 있다는 결과가 놀랍지 않았다.

제안과 질문

- 아이들의 행동과 학습에 있어 당신이 갖고 있는 젠더화에 대한 기대를 인지하는가?
- 남자아이보다 여자아이가 착하게 행동하기를 기대하는가? 남자아이가 잘못을 저질렀을 때보다 여자아이가 잘못을 저질렀을 때 더 못마땅해하는가?
- 아이의 젠더에 따라 보상과 처벌을 다르게 하는가?
- 칭찬과 보상을 어떻게 활용하는가? 여자아이들의 외모를 칭찬하는 것만큼 남자아이들의 외모를 칭찬하는가? 남자아이들의 과제 발표를 여자아이들만큼 칭찬하는가? 남자아이들뿐 아니라 여자아이들의 능력과 기량을 칭찬하는가?
- 교실에서 아이들이 받는 어른의 관심 정도가 젠더에 따라 다른가? 관심을 받게 되는 이유를 생각해보고 적절한 방식으로 변화를 줄 수 있는 개입을 시도해보라.

- 성장 마인드셋을 심어주기 위해 노력과 학습 태도에 대해 모든 아이들을 칭찬해보라.
- 당신의 무의식적 편견을 알아보기 위해 하버드대학의 IAT를 해보라.
- 교직원 회의에서 무의식적 편견에 대해 이야기해보라. 모든 아이를 똑같이 대한다고 생각하는 구성원들에게 IAT를 소개해보라.

언어

언어는 사람들이 종종 확신을 갖지 못해 지침을 구하거나, 그 중요성을 인정하지 않으려는 영역이다. 덧붙여 많은 사람이 여전히 정치적 올바름political correctness을 언어의 사회적 적응에 반대하는 주장이라고 말한다. 이런 주장은 언어를 덜 차별적이고 더 포괄적으로 만들려는 시도를 하찮아 보이게 한다. 지배적인 언어 규범은 교묘하게 젠더 편견을 강화할 수 있기 때문에 바꾸기 어렵더라도 이의 제기를 해야 한다. 언어의 몇몇 측면은 초등학교의 드러나지 않는 커리큘럼을 다룰 때 초점이 된다. 즉, 언어가 이분법적인 젠더 범주를 강화하거나 남성우월을 강화할 수 있다는 점, 언어 사용이 암묵적으로 여성들과 소녀들을 배제할 수 있다는 점에서 그렇다.

여자아이들과 남자아이들을 따로(또는 '남-녀-남-녀'로) 줄 세우는 것은 요즘 초등학교에서 흔한 일은 아니다. 하지만 여전히 아이들은 일반적으로 '학생', '아이들', '학급', '학급 이름', '꼬마' (또는 애정이 담긴 젠더 중립적 용어), '여러분', '모두', '여러분 모두'와 같은 비젠더적 용어보다는 남학생이나 여학생으로 불린다.[31] 끊임없이 젠더를 언급하는 것은 엄격하게 분리된 범주에 대한 생각을 강화할 뿐 아니라 젠더를 가장 두드러지게 만듦으로써 고정관념의 잠재적 위협을 유발한다(1장 '고정관념의 위협'을 보라).

아이들 가까이에서 일하는 어른들이 언어와 일상적인 상호작용을 통해 젠더가 중요한 구분이며 여성과 남성이라는 두 개의 범주로 양분되어 어떤 변화도 있을 수 없다는 메시지를 전달한다면 아이들도 젠더에 대해 같은 관점을 갖게 될 것은 당연하다.

가능하다면 말뿐 아니라 젠더 중립적이거나 포괄적인 글, 시각적인 커뮤니케이션으로 생각을 전달하는 것이 중요하다. 학교에서 맡은 역할의 이름을 점검해 보자. 교장은 'headmaster'나 'mistress'보다 'headteacher', 급식담당자는 'dinnerlady'보다 'dinner supervisor'나 'lunchtime supervisor'가 바람직하다. 학교 운영위원장은 'chair of governors' 또는 'chairperson of governors'가 바람직하다. 당신은 소방관, 경찰, 승무원 같은 여러 직업의 젠더 중립적인 표현을 알고 있는가? 인력을 배치할 때 'manning'보다 'staffing'이라는 말을 쓰는가? 'man'이나 'mankind' 대신 'people', 'humanity' 또는 'humankind'라고 말하는가? '인공적인'이라는 말은 'man made' 대신 'artificial'이나 'built'를 쓸 수 있는가? 성인 여성을 'girls'나 'ladies'보다 'women'으로 부르는가? ('ladies'를 쓴다면 남성에게는 'gentlemen'이라고 하는가?) 어린 아이들과 얘기할 때 'lady'가 아닌 'woman'이나 'women'을 써서 이 말을 받아들일만하고 예의바른 용어로 만들 수 있는가? 학교 안에서 여성 교사를 무조건 Miss나 Mrs로 부르기보다 Ms 같이 그들이 선택한 호칭으로 불리는 것을 허락하는가? 어쩌면 직원들의 성이 아니라 이름을 부르도록 하는 것이 젠더 중립적인 호칭을 찾는 문제를 해결할지도 모른다.

이야기나 설명을 할 때 무의식적으로 '그he'를 쓰는 것은 두드러지지 않지만 주목해야 할 영역이다. 누군가 '그녀she'라고 말하면 주목을 받는 경향이 있는데, '그녀she'를 쓰는 것이 여전히 차이로 부각되기 때문이다. 동물 또는 만화나 이야기 속의 사람이 아닌 캐릭터를 말할 때 우리가 '그녀she'나 중립적인 '그들they'이 아닌 '그he'를 쓰는 경향이 있는지 주목해야 한다. 영어에서는 전통적으로 여자와 남자를 포함해 '그he'를 썼다. 그러나 여성에 대한 이런 노골적 배제가 여자아이들과 여자들이 스스로 정체성을 인식하는 데 있어 미묘하게, 지속적으로 영향을 미칠 수 있다는 인식이 지난 30여 년에 걸쳐 발전해왔다.

때때로 어른이나 아이들이 사용하는 명백하게 성차별적인 언어에 이의를 제기할 필요가 있다. '남자답게 행동하기man-up', '소녀처럼like a girl', '말괄량이tomboy' 따위의 관용구는 여자나 남자에 대한 고정된 젠더 특성을 내포한다. 여자에 대해 이야기할 때조차 '남자답게 행동하기'라는 말은 남자가 여자보다 용감하고 강한 특성을 갖고 있으며 그래야 한다는 규범적 함의를 암시한다. '소녀처럼 던진다throw like a girl', '소녀처럼 달린다run like a girl' 같은 구문을 쓸 때 '소녀처럼'은 잘 던지지 못하고 잘 달리지 못한다는 부정적 의미다. '말괄량이'는 여자아이가 전통적으로 남자아이와 관련된 것에 대해 관심을 갖거나 남자아이처럼 행동하면 '소년' 같다고 말하는 것이다. 흥미롭게도 여자아이를 '말괄량이'라고 부르는 것이 남자아이를 '여자애 같은 남자sissy'나 여성성을 담고 있는 다른 단어로 부르는 것보다 쉽게 용인되곤 한다. 하지만 이 모든 것에 이의를 제기할 필요가 있다. 젠더 존중 프로젝트 관찰연구에서 열한 살 아이들이 '여자다운 소녀girly girl'나 '활달한 소녀sporty girl' 같은 말로 자신을 규정하는 것을 들었는데("우리는 여자다운 소녀들 같아요-우리는 럭비를 좋아하지 않거든요."), 이런 말은 여자아이 한 명 한 명의 가능성과 선택을 제약한다.

제안과 질문

- 아이들을 여자아이들 또는 남자아이들로 부르지 않도록 노력한다. 대신 '아이들', '모두', '학급' 같이 젠더를 벗어난 집합적인 다른 명사를 사용한다.
- 줄을 세우거나 몇 명을 선택할 때는 여자아이, 남자아이가 아닌 다른 범주를 활용하라. 예를 들면 '1월부터 6월까지 생일인 사람', '검은 신발을 신은 사람', '좋아하는 음식이 ~인 사람' 등등.
- 모든 직원이 젠더 중립적으로 말하고 쓰는지 점검한다. 학교 차원의 지침을 만들어 모두가 젠더 중립적 언어를 사용하도록

도울 수 있을 것이다.

- 성차별적인 언어나 발언, 예를 들어 '여자애들이란…', '남자애들이란…'처럼 일반화하거나 여자아이를 모욕적 의미로 쓰는 것을 듣는다면 이의를 제기하라.

물리적 환경과 교재

물리적 환경은 가장 쉬우면서도 중요한 변화를 꾀할 수 있는 영역이다. 벽에 걸린 전시물, 포스터, 그림, 사진, 알림판, 언어, 교실과 도서관에 있는 책과 교재 등이 해당한다. 아래 그림은 성평등에 대한 인식 결여를 보여주는 교실 환경이다.

North East England에 있는 초등학교에서 저자가 찍은 사진, 2015년 6월

반면 어떤 학교들은 고정관념화에 도전하고 젠더와 인종을 넘어 긍정적인 롤모델을 제공하기 위해 각별히 애쓴다. 셰필드에 있는 한 초등학교는 학습능력개발Building Learning Power을 지원하기 위해 다음과 같은 포스터를 특별히 의뢰했다.

셰필드Sheffild에 있는 파이 뱅크Pye Bank 초등학교. 그림 앤드류 스미스Andrew Smith

물리적 환경을 점검할 수 있는 상세한 체크리스트는 부록2를
보라.

제안과 질문
• 건물 밖이나 강당 입구의 환영 문구가 평등과 다양성에 관한
  학교의 원칙을 담고 있는가?
• 학교를 전반적으로 살펴보았을 때 벽이나 주목을 끌 수 있는
  현관 쪽에 여자와 남자, 남자아이와 여자아이를 동등하게 표
  현한 것이 있는가?
• 학교에 붙어있는 이미지들이 남자, 여자, 여자아이, 남자아이
  를 다양한 역할로 보여주는가? 예를 들어 활동적으로 보이는
  여자아이와 여자, 배려하는 남자아이와 남자의 이미지.

- 다양한 가족 형태를 묘사하는가?
- 색깔(분홍색과 파란색)이 교실과 복도에서 어떻게 사용되는가? 옷을 거는 못, 이름표에 어떤 색깔과 이미지가 쓰이는가?
- 전시물에 쓰이는 언어가 학교의 방침에 맞는가?
- 반에서 쓰는 물품들이 젠더를 고정관념화하거나 어떤 식으로든 구분하는가? (예를 들면 남자아이 여자아이가 쓰는 개인 책상자) 놀이 도구들은 어떤가? 교실에서 보이는 물품들이 성평등에 배치되는 메시지를 주는가?
- 저학년 아이들을 위한 놀이 도구들은 젠더 중립적인가? (남자아이들은 조립, 여자아이들은 역할놀이처럼) 보통 남자아이들 혹은 여자아이들이 차지하게 되는 영역에서, 아이들이 놀 수 있게 해줄 놀이 도구들은 어떻게 준비되어있는가?
- 학교 도서관이나 학급 문고에 어떤 책들이 있는가? 고학년 학생들이 읽을 만한 젠더 편견을 진단할 수 있는 책이 있는가? 젠더 고정관념에 이의를 제기하는 책들이 더 많이 포함되어야 한다(추천도서 목록은 부록4).
- 교복/복장 규칙-교복이나 복장 규칙이 젠더 중립적일 수 있을까? 이것은 바지, 레깅스, 반바지를 모든 젠더에 허락하는 것을 의미하는데, 치마나 드레스를 소녀에게만 명시적으로 허용하는 것보다 젠더 중립적일 수 있다.

관계와 역할

학교 공동체 구성원들이 긴밀하게 상호 존중한다면 그 학교는 젠더와 관련한 이슈(또는 다른 평등 이슈나 배제 이슈)를 다루는 데 가장 적합한 조건을 갖춘 것이다. 초등학교에서 이런 분위기를 만들려면 좋은 리더십이 절대적으로 중요한데, 특히 교장과 간부들이 소규모 조직에 큰 영향을 미치기 때문이다. 학생들이 서로 존중하는 문화를 만들려면 교직원들이 서로를 존중하고 학생들과도 존중하는 관계여야 한다. 학교가 상호 존중하는 문화를 만들고 보장하는 공동체가 되려 한다면, 젠더 이슈를 고려하는 것이 각별히 중요하다.

교직원과 학생 사이의 긍정적인 관계는 때로 젠더 평등을 희생시키는 방식으로 만들어진다. 남성 교사들이 남자아이들과 축구에 관한 농담을 주고받으며 관계 맺는 방식을 보여주는 연구 결과는 흥미롭다. "어떤 교사들은 자신이 가르치는 소년들의 '공격적인' 남성성에 동조하고 그런 남성성을 수행함으로써 소녀들이 주변화되고 놀림감이 되는 상황에 관여했다. 이런 관계 맺기는 특히 축구에 대한 서로의 생각을 맞추어가는 과정에서 이루어졌다."[Paechter, 2007] 물론 이 같은 방식은 지배적인 남성성의 모습을 따르지 않는 소년들도 주변화한다. 이 문제는 교직원들의 남성성과 여성성을 어떻게 모델링할 것인지와 관련되어있다. 젠더 존중 프로젝트에서 보육교사 스티븐은 설정을 통해 여성 교사와 남성 교사 모두가 돌보는 역할과 훈육하는 역할을 했다고 말한다.

여성 교직원은 아이들에게 남성 교직원의 돌봄 역할을 이해시킴으로써 남성 교직원을 도울 수 있고, 남성 교직원은 아이들에게 여성 교직원이 훈육에서 더 나은 역량을 갖고 있다고 알려줌으로써 여성 교직원을 도울 수 있다.

제안과 질문

- 학교 공동체 전체에 상호 존중하는 문화가 있는가?
- 우리 학교는 여러 역할에서 젠더 균형을 어떻게 맞추는가? 얼마나 많은 남성 교사가 저학년 아이들과 수업하는가? 얼마나 많은 여성 교사가 관리직에 있는가?
- 청소부는 모두 여성이고 경비원이나 수위는 모두 남성인가?
- 젠더 고정관념을 따르지 않는 직업이나 역할을 하는 사람들을 수업이나 학교 행사 등에 초대할 수 있는가? (예를 들어 전업주부 남자, 사회적 돌봄 일을 하는 남자, 여성 과학자, 여성 엔지니어, 여성 건축가, 여성 소방관 등)
- 급식담당자를 포함해 모든 교직원이 성평등과 다양성에 관한 학교 방침을 알고 있는가? 학교 방침에 대해 교육받는가?
- 학교에서 아이들의 역할은 젠더 균형적인가? 남자아이들은 돌보고 정리하는 일에 여자아이들과 동등하게 참여하는가? 여자아이들도 남자아이들과 동등하게 학생대표가 될 수 있다고 기대하는가?
- 모둠 활동을 할 때 여자아이들과 남자아이들이 함께 모둠을 구성하는가? 여자아이들은 남자아이들만큼 리더십을 발휘하

는 역할을 맡는가? 그렇지 않다면 젠더가 섞이도록 모둠을 지정하고, 모둠 안에서 역할을 정기적으로 바꾸는 것을 고려하라. (예를 들어 '상호보완적 읽기Reciprocal Reading'[32]에서처럼 요약하는 사람, 질문하는 사람, 정리하는 사람, 예측하는 사람을 정한다.)

• 교사들과 아이들을 직접 대면하는 교직원들은 자신이 여성성과 남성성을 어떻게 모델링하는지 알고 있는가? 자신이 다른 젠더들과 어떻게 관계를 맺고 있는지 알고 있는가?

• 행사나 워크숍에 초대받은 방문자들은 학교의 성평등 정책을 알고 있는가? 교장과 다른 교사들은 성평등 정책에 반하는 어떠한 관행에도 이의를 제기할 수 있는가? (예를 들어 불필요하게 젠더에 따라 구분하는 관행이나 젠더 고정관념화 같은 것.)

쉬는 시간과 운동장

3장에서는 젠더 존중 프로젝트를 통해 남자아이들이 축구를 한다며 운동장 공간을 차지하는 것에 대해 말하는 소녀들을 만났으며, 이 문제가 운동장 문화를 다룬 앞선 연구에도 잘 기록되어있음을 언급했다. 패치터는 여성성에 대한 관행적인 기대가 여자아이들에게 미치는 영향을 다루는데, 여자아이들이 나이가 들면서 활발한 신체 활동보다 앉아서 얘기하는 일을 더 중요하게 여긴다는 것이다. 특히 이런 기대는 활발하고 신체 활동에 적극적인 여성성이 형성되는 것을 억제한다. 패치터는 "소녀들이 자라면서 '그저 원래부터' 앉아서 얘기하는 것이나 좋아한다고 가정하지 말라"고 충고한다. 적절한 시설과 격려가 있다면 많은 소녀가 사춘기 이후에도 운동을 할 것이다. 축구 하는 남자아이들이 학교 운동장을 차지하는 것은 남성성에 대한 지배적 관행을 따르지는 않는 남자아이들까지 배제한다. 이 아이들은 축구 하는 남자아이들이 운동장을 차지하지 않는다면 컴퓨터게임을 좀 덜하고 뛰어놀 수도 있을 것이다.

제안과 질문

- 학교 운동장은 어떻게 사용되는가? 운동장 사용에 대해 알려진 바가 없다면 학생들을 연구 조사에 참여시켜본다.
- 실외 공간이 축구가 아닌 다른 활동도 할 수 있도록 설계되었는가? 등반 연습이나 줄넘기 같은 다른 신체적 활동을 할 수 있는 공간이 있는가? 쉬는 시간에 조용히 이용할 수 있는 실내외 공간이 있는가?
- 축구나 줄넘기에 참여할 만한 기량이 부족한 아이들을 위해 특별 지도 방안이 필요한가?
- 평등을 촉진하기 위해 때로 여자아이들만 참여하는 축구 시간 같은 운동장 사용 시간표가 필요한가? (젠더 이분법을 강화하지 않으면서도 여자아이들이 공간을 쓸 수 있는 방안을 찾도록 시간표 도입에 관심을 가져라.)
- 점심시간과 쉬는 시간을 감독하는 교직원들은 아이들이 운동

장에서 다양한 놀이를 하도록 지도하고 돕는 교육을 받는가?

• 운동장에서 축구 외에도 아이들이 이용할 수 있는 흥미로운 시설들이 있는가?

특별활동extra-curricular activity

여기서는 공식적인 커리큘럼에 포함되지 않지만 학교에서 이뤄지는 모든 조직 활동과 특별 활동을 다루려 한다. 모임, 집회, 기념식, 각종 행사가 포함된다. 초등학교에서 이런 활동은 학생들의 선택에 따라 이뤄지기 때문에 방과 후나 점심시간 모임들이 젠더별로 분리되기 쉽다. 만약 이런 활동이 전통적 방식(댄스클럽, 축구, 공예 등등)으로 규정되거나 젠더 균형이 관리되지 않으면 특히 문제다. 교사 아드리안은 젠더 존중 프로젝트에서 모든 젠더의 아이들이 모임에 참여하도록 고무할 수 있는 질문들로 모임 이름을 바꾸었다.

• 호신술을 아세요? (태권도)
• 공을 링으로 던져 넣을 수 있나요? (농구)
• 예술로 자신을 어떻게 표현할 수 있을까요? (미술)
• 라켓으로 공을 부릴 수 있나요? (테니스)
• 공을 골대로 보낼 수 있나요? (축구)

아드리안은 또 각 활동에 여자아이와 남자아이 모두가 참여하도록 독려하기 위해 양쪽이 동등한 숫자로 등록할 수 있는 명단을 만들었다. 이런 등록 방식이 트렌스젠더나 남녀로 양분된 젠더에 속하지 않는 아이들을 제외하는 잠재적 문제는 있다. 그가 모든 젠더의 아이들이 동등한 수로 등록하도록 보장하는 방법을 생각할 수 있었더라면 더 좋았을 것이다. 예를 들면 여러 젠더의 아이들이 활동하는 이미지를 사용하는 방법으로 말이다.

젠더 존중 프로젝트에서 또 다른 학교 아이들은 남자아이들이 춤을 해볼 만한 활동으로 여기지 않으며, 보이 댄스 대회 같은 행사를 열어서 남자아이들의 관심을 높일 생각도 없다는 사실을 발견했다.

제안과 질문

- 특별 활동에 있어 젠더 구성을 모니터해본다. 특히 체조, 춤, 축구처럼 전통적으로 젠더가 쉽게 분리될 수 있는 영역에 초점을 맞춘다.
- 특정한 하나의 젠더가 차지하거나 젠더 분리된 활동이 있다면 그 이름을 바꾸거나 활동 자체를 바꾸는 것을 고려하라.
- 학교 스포츠팀이나 체조팀이 하나의 젠더로 이뤄졌는가 아니면 젠더가 섞여있는가? 아이들은 각각에 참여할 수 있는 기회가 있는가? 축구팀이 단일한 젠더로 이뤄졌다면, 여자축구팀은 남자 축구팀만큼 칭찬과 관심을 받는가?
- 남자아이들은 어떻게 춤, 체조, 요리 같은 활동에 참여할 수

있고, 참여하도록 고무되는가? 어떤 교직원이 이런 활동을 이끄는가? 이런 활동이 젠더 고정관념을 따르는가?

- 기념식에서 누가, 어떤 자격증, 상, 칭찬 등을 받는가? (예를 들어 매주 각 학급에서 남자아이 한 명, 여자아이 한 명을 선정하는 것은 젠더 이분법을 강화할 수 있다. 담임교사는 일정기간 동안 선정된 아이들의 성별 균형 정도를 염두에 두면 될 것이다.)

- 어른들의 역할 모델링-세계 책의 날이나 분장을 하는 학교 행사에 당신은 책에 나오는 어떤 인물로 차려입을지 생각해보라. 강한 소녀, 감수성이 풍부한 소년을 표현하는 등의 방식으로 젠더 고정관념에 도전하는 기회로 삼아보라.

- 학교 졸업 행사-'무도회'보다 '졸업생 파티'라고 부른다면 옷차림이나 행동에 있어 젠더 기대를 따라야 한다는 압박을 덜어줄 것이다.[33] 이런 행사를 알리는 가정통신문이 여자아이들에게 가장 예쁜 드레스 같은 것을 입어야 한다는 압박을 주지는 않는가?

학부모, 보호자, 가족들과의 파트너십

학부모들, 가족들과 파트너십을 갖고 협력하는 이유나 원칙은 학교생활의 모든 영역에서 동일하다. 아이들의 학습과 건강한 생활을 위해 이 파트너십이 핵심적으로 중요하다는 인식은 넓게 확산되어 왔다. 학부모, 가족들과의 파트너십은 논쟁적인 평등 이슈들, 특히 학교와 가정의 가치가 일치하지 않는 이슈들에 있어 더 중요하다. 그래서 학교는 성평등 원칙이 가정과 학교가 맺는 관계 속에 스며들도록 하는 데서 나아가, 성평등 의미와 중요성에 대한 견해 차이에서 오는 잠재된 갈등까지도 다룰 필요가 있다. 이때 종교적, 문화적 관습과 관련된 예민한 측면들까지 고려해야 한다.

제안과 질문

성평등을 학부모, 가족과의 관계 속에 녹이기

- 학부모, 보호자들과 그들에 대해서 소통하기-가급적 '엄마 mums'와 '아빠dads'를 언급하지 않도록 한다.
- 학교를 기반으로 하는 학부모와 아이들의 모임이 젠더를 포괄할 수 있도록 한다. 예를 들면 모임에서 남성 보호자들이 환영받으며 편안하다고 느끼게 하라.
- 학부모들, 보호자들과의 토론은 모두가 참여할 수 있도록, 다양한 근무 조건과 상황을 반영해 준비하라.
- 학교 일이나 행사에 참여하는 아빠들의 사진도 전시하라.
- 한 부모, 동성 부모를 포함해 학생들의 가족 구성을 반영하는 전시물을 만들라.

학교의 성평등 활동에 대해 학부모들과 소통하고 참여시키기

- 학부모와 보호자들에게 성평등에 관한 학교 방침과 실제 사례를 배우는 기회를 제공하라.-학부모와 보호자들이 걱정거

리, 동의하거나 동의하지 않는 영역에 대해 얘기할 수 있도록 열린 토론을 마련하라.

• 뉴스레터, 학교 웹사이트, 가정통신문, 블로그나 트위터 같은 소셜미디어를 통해 성평등의 실례들을 알려라.

• 성평등 정책에 누군가 반발하는 상황을 대비하라. 간부들이 담임교사들을 지원하게 하라. 직원회의에서 가능한 상황, 실제 상황을 다루고, 모두가 반발에 대응할 수 있도록 준비하라. 성평등에 관한 토론은 젠더 정체성에 관한 선입견과 두려움을 드러낼 수 있다. 이것을 다루는 방법 역시 중요하게 고려할 필요가 있다. 모팻Moffat 은 〈소외 없는 우리학교No Outsiders in Our School〉를 통해 초등학교에서 LGBT+ 평등에 관한 유용한 경험과 지침을 제공한다.

예상할 수 있는 몇 가지 상황

교직원들의 대처 방법을 생각해보기 위한 몇 가지 질문

1. 학교 홍보물에 평등한 기회와 젠더에 관한 무언가를 썼는데, 그게 정확히 무엇을 의미하는가?

2. 내 아들이 학교에서 바느질 따위나 배우기를 원치 않는다. 그 애는 남자다. 자수를 놓을 게 아니라 자동차나 기차를 갖고 놀아야 한다. 당신들은 남자애를 약골로 만들 작정인가?

3. 타샤의 할머니는 학교의 등반 장비를 못마땅하게 여긴다. 여자아이의 음부에 해롭다고 생각하는 것 같다. 타샤 엄마도 어

렸을 때 등반을 그만두게 했다. 등반이 위험한 것 아닌가?

4. 이 모든 젠더 문제가 페미니스트와 그 비슷한 부류들이 주장하는 정치적 올바름(PC)이라는 것을 안다. 학교는 정치에서 빠져야 한다. 당신들은 작고 순수한 아이들을 세뇌시키려 하고 있다.

5. 존이 아직 어리니까 인형을 갖고 노는 게 나는 아무렇지도 않다. 하지만 존의 아빠는 너무 불편해한다. 존이 조금 더 자라면 선생님은 그 애와 축구 같은 걸 할 생각이냐?

6. 요즘 애들이 조숙하다는 건 동의한다. 그런데 아이들은 성인이 됐을 때 도움이 될 만한 것을 배워야 한다. 제대로 된 숙녀와 청년이라면 어떻게 행동해야 하는지 배워야 한다는 뜻이다.

5. 공식적인 커리큘럼

진정한 변화를 위해서는 젠더 평등이라는 렌즈를 통해 학교에서 일어나는 모든 일을 검토해보는 것이 중요하다. 여기에는 공식적인 커리큘럼이 포함된다. 커리큘럼 내용이 젠더 고정관념을 주장하거나 강화하지 않으면서 어떻게 모든 젠더를 포함할 수 있는가? 이것이 핵심 질문이다. 지난 30년에 걸쳐 페미니스트 연구자들은 모든 분야에서 빛을 보지 못했던 중요한 여성들을 발굴해왔다. 그들은 가부장적인 역사 해석이 놓쳐버린 인물들이다. 그런데 사운즈 퍼밀리아Sounds Familiar 조사에서 한 젊은 여성은 이렇게 말했다. "교과 과정에서 여자들에 대해 거의 듣지 못한다. 유색인종의 여자라면 결코 언급되지 않는다." 오늘날 영국에서조차 이런 현실이다.

영국에서 젊은층 1500명을 대상으로 실시한 '여성의 운동과 건강 기금Women's Sport and Fitness Foundation' 조사에서 중등학교 연령의 응답자 43%가 '소녀들을 위한 스포츠의 역할 모델이 많지 않다'는 데 동의했다. 학교 차원에서 여자아이들이 좀 더 쉽게 접근할 수 있을 것으로 보이는 미술, 인문학, 심지어 식품공학(요리) 같은 분야에서도 남자가 여자보다 쉽게 유명세를 타는 경향이 있다.

요즘은 인터넷 검색만으로도 다양한 분야에서 활약하는 여성의 사례를 접할 수 있는데도 말이다.

16세 이후 학업과 직업에서 STEM 분야에 참여하는 여성이 여전히 적다는 점은 각별히 우려스럽다.

2006년 국제학업성취도평가PISA를 보면 54개국 가운데 51개국에서 공학, 컴퓨터, 그 밖에 소년들에게 쏠려있는 분야의 직업을 선호하는 15세까지 연령대의 소년 소녀 비율은 통계적으로 유의미한 차이가 있다.

제카리아Zecharia와 동료들은 STEM 과목을 선택하는 데 영향을 미치는 세 가지 보편적 요소를 찾아 유용하게도 다음과 같이 요약했다.

1. STEM에 대한 적합성=나 같은 사람에게 맞나?
2. 실제로도 상대적으로도 역량이 있다고 인지하는가=내가 자신감을 느끼나?
3. 과학 자본Science capital=기회와 진로가 보이나?

수학 참여에 관한 연구에서는 '즐거움'이 소녀들에게 특별히 중요한 요인이라는 점을 발견했다.

'나 같은 사람에게 맞나'와 관련해서는 기존의 STEM과 젠더 고정관념이 여자아이들의 참여에 어떤 영향을 미치는가에 대해 많은 것이 기록되었다. 연구는 열 살에서 열한 살에 스스로를 '소녀답다'고 규정한 여자아이들은 STEM 관련 직업에 대한 포부가 덜했고,

열두 살에서 열세 살까지도 그런 포부를 갖지 않았음을 보여주었다. 흑인 학생들의 경우 이들이 처한 다중적인 불평등 상황도 과학에 대한 포부를 가로막는 장애요소다. 이런 학생들은 과학 분야에 포부를 갖고 유지하는 것이 불안정하다는 의미다.'

수학자를 대표하는 인물들은 남성, 백인, 중산층 그리고 이성애와 관련된다. 그들은 블레츨리 파크[34]의 암호 해독자들 같은 영웅주의와 특별하게 타고난 지적능력으로 연결되며 연약함, 사교적 능력과도 결부된다. 미디어가 만든 상대적으로 새로운 이미지가 있는데, 나이든 남성이라는 수학자의 이미지에 반하는 젊고 매력적인 '괴짜' 여성들의 이미지다.

STEM 직업들은 종종 '중장비와 기름 묻은 작업복'이 전부로 여겨진다. 제카리아와 동료들은 이렇게 주장한다.

STEM 분야 직업은 실제로 무엇을 하는 것인지 그리고 그것이 얼마나 창조적일 수 있는지에 대해 좀 더 현실적인 표상을 알려야 한다. 우리는 '좀 더 나은 세상을 만드는 것'이 소년 소녀에게 가치에 기반한 직업을 선택하라고 호소하는 것이라고 믿는다. STEM 분야 직업의 창조적 잠재력과 현실 가치를 가르치지 않는다면, 우리는 소녀들만이 아니라 학생 전체를 entire demographic 놓칠 것이다.

모두를 위한 STEM이 되도록 '남성적인' STEM 고정관념, 남성과 여성에 관한 협애한 젠더 고정관념을 깨뜨리는 메시지를 전해야 한다.

모든 아이가 젠더 고정관념을 탈피한 과목 선택을 하도록 학교 문화를 바꾸려면 학교가 과목들을 동등하게 취급해야 한다는 것이 물리학위원회 권고 중 하나다. 과학(특히 물리와 화학)과 수학이 다른 과목에 비해 더 중요하고 어려운 것으로 여겨지면 여자아이들의 자신감이 떨어진다는 사실이 증명되었다. 경우에 따라서는 과학도 영어와 수학처럼 초등학교 마지막에 치르는 SAT 평가시험에 들어가기도 해서 모든 과목에 중점을 두기가 어려울 수도 있다. 그렇다 할지라도 교사들은 다른 과목을 폄하하거나 더 쉬운 과목이라는 암시를 주지 않도록 유의해야 하며, 교사들 스스로 어떤 과목을 더 쉽다거나 더 어렵다고 보지 않도록 노력해야 한다. 모든 과목을 동등하게 다룬다는 정신에 맞게, 알파벳 순서에 따라 과목별로 고려해야 할 몇몇 문제들, 일반적인 지침, 유용한 웹사이트 링크[35]를 제시한다.

미술과 디자인

영국공립학교 교육과정 1단계와 2단계에는 미술 및 디자인 교육의 목적이 잘 요약되어있다.

고급 미술과 디자인 교육은 아이들에게 미술, 공예, 디자인 작품들을 경험하고 만들고 창조하는 지식과 기량을 준비시킴으로써 이들을 참여시키고 영감을 주며 도전하게 해야 한다. 아이들은 진보하면서 미술과 디자인에 대해 비판적으로 생각할 수 있어야 하고 이해력을 한층 높일 수 있어야 한다. 또한 아이들은 미술과 디자인이 우리 역사를 어떻게 반영하고 형성하는지, 문화와 창조성, 국부國富에 어떻게 기여하는지 알아야 한다.

미술은 역사를 반영하고 논평하며 재해석하는 것으로 인식된다. 때문에 역사적인 작품, 당대의 작품을 공부할 때 젠더 이슈를 무시할 수 없다. 젠더 관계와 역할에 관한 역사는 앞선 세기의 미술 작품을 통해 연구할 수 있다. 현대 페미니스트 미술은 성평등 이슈에 대한 토론을 불러일으킨다. 여성 예술가들에 관한 역사 연구는 유명한 여성 예술가들이 존재했다는 사실뿐 아니라 이들에 대한 지식이 역사의 어떤 시기 동안 묻혀있었다는 점을 조명한다. 또 여성의 역할을 바라보는 사회의 시각과 '위대한 예술가들'의 목록에 누구를 넣을 것인지 결정하는 힘이 누구에게 있는가 하는 문제를 제기한다. 아이들이 디자인과 미술을 할 때도 젠더 이슈가 고려될 필요가 있다. 젠더와 무관하게 모든 아이이 미술 재료와 기량 개발에 동등한 접근권을 갖도록 하고, 미술의 주제가 특정한 젠더에 치우치지 않게 해야 하기 때문이다.

제안과 질문

- 아이들에게 자유롭게 선택하도록 했을 때, 미술 교재를 누가 어떻게 활용하는가? 여자아이들은 그리기나 색칠하기 또는 더 섬세한 것을 하는 경향이 있는가? 남자아이들은 좀 더 큰 것을 만들거나 찰흙 같은 입체적인 재료를 쓰는 경향이 있는가?
- 어떻게 하면 모든 학생이 예술적 기량을 폭넓게 개발할 수 있을지 고려하라.
- 학생들이 '예술가'라는 단어를 남성 또는 여성으로 연결해 생각하는지 살펴본다. 패션과 섬유예술은 여성을 더 연상하게 하는가?
- 학생들에게 특정 색깔이 남성이나 여성을 떠올리게 하는지 물어본다.
- 당신과 학생들은 여성 예술가를 남성 예술가만큼 알고 있는가?

교재

- 테이트 어린이 미술관The Tate Gallery Kid은 조지아 오키프 Georgia O'Keefe, 브리짓 라일리Bridget Riley와 쉴라 고우다Sheela Gowda를 비롯해 학생들이 탐구할 수 있는 여러 여성 예술가들의 사례를 제공한다.

  www.tate.org.uk/kids/explore/kids-view/explore-georgia-okeeffe

  www.tate.org.uk/kids/explore/who-is/who-bridget-riley

  www.tate.org.uk/kids/explore/who-is/who-sheela-gowda

- 테이트에 있는 또 다른 링크는 알려지지 않은 여성 예술가 그룹The Guerrilla Girls[36]를 다루는데, 이들은 1980년대부터 미술계에서 인종주의와 성차별주의에 맞서 저항해왔다.
- 테이트 갤러리의 퀴즈 '당신은 어떤 예술 슈퍼히어로인가요?'(which art superhero are you?)는 미술 작품들로 표현된 일련의 선다형 질문인데, 슈퍼히어로에 대한 생각을 확장시킬 수 있다. 많은 여성 예술가와 전 세계 예술가가 포함되어있다.
www.tate.org.uk/kids/games-quizzes/quiz-which-art-super hero-are-you
- 뉴욕 현대미술관Moma, the Museum of Moder Art 웹사이트에는 정체성이라는 주제와 관련된 활동과 파워포인트들이 있다.
www.moma.org/learn/moma_learning/tool_tips
- 17세기 예술가로 당시에는 유명했지만 이후 역사에서는 잊힌 아르테미시아 젠틸레스키Artemesia Gentileschi의 그림도 찾아보라.
- 학생들이 여성 예술가에 대해 알 수 있는 볼만한 책들이 있다 (책 목록은 부록4를 보라).

컴퓨팅

영국 A level[37]에서 컴퓨터공학을 선택하는 젊은 여성들은 전체 학생수의 10% 언저리다. 정보통신기술ICT에 관한 폭넓은 지식을 제공하는 과목들의 축소가 여자아이들의 컴퓨팅 과목 선택에 영향을 줄 것이라는 우려가 있다(2014년부터 '컴퓨팅computing'이 영국 초등교과과정에서 ICT를 대신해왔다). 좀 더 일찍 컴퓨팅 역량 개발에 주력한다면 이후 학교생활에서 컴퓨터공학을 선택하는 학생이 늘어날 수 있을 것이다. 그러나 이것은 컴퓨팅 기술을 '괴짜 남성'들을 위한 것으로 연상시키는 고정관념이 어렸을 때 극복되어야 가능한 일이다.

컴퓨팅 교육 연간보고서 작성에 참여한 로햄턴 대학의 피터 켐프는 이렇게 말한다.

컴퓨팅은 우리 주변 어디에나 있다. 그것은 세상이 돌아가는 방식에 큰 영향을 미치고 학생들이 그들이 사는 세상을 잘 이해하는 데 중요하다. 컴퓨팅 자격증에 접근성이 낮은 집단들이 있는데, 특히 소녀 집단이 그렇다. 컴퓨터 과목에 대한 접근성을 향상시키고 학생들이 그 가치를 알아볼 수 있도록 단계별 조치를 취해야 한다.

제안과 질문

- 컴퓨팅이 창조적이고 즐겁다는 것을 학생들에게 전달하는가?
- 컴퓨터와 관련된 여성들, 예를 들어 초창기 여성 참여자들(에이다 러브레이스Ada Lovelace, 그레이스 호퍼Grace Hopper, 도로시 본Dorothy Vaughan)과 현재 컴퓨터공학 분야에서 활동하는 유명한 여성들(사우스햄프턴 대학의 컴퓨터공학 교수인 데임Dame[38]

웬디 홀Wendy Hall 등)의 정보를 제공하라.

• 컴퓨팅 과목 주제들이 고정관념 없이 모든 젠더의 흥미를 끌수 있는지 깊이 생각하라.

교재

• www.geekgurldiaries.co.uk-컴퓨터, 과학, 기술, 공학 분야에서 활동하는 영감을 줄만한 여성들의 인터뷰와 함께 기술을 사용하고 만드는 것에 관한 비디오 로그들을 모아 놓았다. IT와 과학 분야에 종사하는 여성들에게 기증받은 비디오, 게임이나 괴짜 문화 같은 다양한 주제를 다룬 컴퓨터공학 대학원생들의 패널 토론 '괴짜 소녀 다이어리 방송 중Geek Gurl Diaries On Air'도 포함되어있다.

디자인과 테크놀로지D&T

영국 GCSE의 디자인과 테크놀로지 과목은 고정관념에 따른 과목 선택의 뚜렷한 경향을 보여준다. 전기물질 과목은 인원의 약 95%, 저항물질 과목은 약 85%가 남자아이다. 그러나 섬유를 공부하는 학생의 약 4%, 식품공학을 공부하는 학생의 35%만이 남자아이다.[2015] 초등학교는 남자아이들이나 여자아이들이 고정관념에 따라 특정 과목과 연계되거나 다른 과목으로 연계되는 것을 예방하는 데 기여할 수 있다. 아래 제안과 같이 긍정적이고 고정관념에 반하는 수단을 채택하는 것도 방법이다.

제안과 질문

- 저학년Early Years[39] 단계에서 D&T와 연관되는 만들기 재료를 비롯한 다른 놀이 재료를 남자아이들뿐 아니라 여자아이들도 동등하게 가지고 놀게 하는가? 이것들은 젠더 중립적인 방식으로 주어지는가?
- 모든 젠더가 동등하게 D&T의 여러 측면에 만족하는가?
- 학교와 교직원들은 D&T의 모든 측면을 여자아이와 남자아이가 동등하게 관련된 것으로 묘사하는가?
- 기량 차이를 확인하고 필요한 곳에 특별한 지원을 하는가? 남자아이들의 참여를 권장하는 요리와 섬유 (관련) 모임, 여자아이들을 적극적으로 초대하는 전기나 저항물질 (관련) 모임을 만드는 것이 도움이 될 수 있을까?
- D&T 과제들은 젠더 포괄적으로 또는 고정관념에 반하는 방식으로 설명되는가?
- D&T 분야에 있어 남성과 여성이 기여한 바가 모두 인정되는가?
- 고정관념에 반하는 역할 모델들이 (예를 들면 그냥 요리사가 아닌 남성 수석요리사, 여성 엔지니어) 학급에 초대될 수 있는가?

교재

- www.stem.org.uk/resources/collection/4372/inspiring-scientist

  소수민족 혈통의 현재 영국 과학자들에 대한 사례 연구. 각 자료에는 과학자가 그의 일과 삶의 연대기에 대해 말하는 것을 담은 필름, 초등학교와 중학교 연령 집단을 위한 STEM 훈련 계획이 있다.

- www.wes.org.uk

  여성엔지니어링협회. 영상물로 엔지니어링 분야의 여성들을 다룬 사례 연구.

- www.westskills.org.uk/stories

  '과학, 공학, 기술 분야의 여성'. 셰필드를 기반으로 건축과 공학 분야, 학교 내 작업실에서 일하는 지역 여성들에 대한 사례 연구.

- www.practicalaction.org/school

  무료 교육 자료로 STEM에 관한 현실적이고 지구적인 추세를 알려준다. STEM 직업에 관한 협애한 고정관념을 깨뜨리는 데 도움이 된다.

영어 읽고 쓰기

〈성평등 교육의 이해〉에서 설명한 것처럼 KS2 SAT 영어 읽고 쓰기에서 남자아이들과 여자아이들 사이의 성취도 격차(6%)는 걱정거리다. 그러나 '소년 친화적인boy-friendly' 책들을 이용하는 것과 같은 성차를 강조한 조치들은 고정관념을 강화함으로써 격차를 줄이는 데 오히려 실패했다. 다수의 문헌은 학교의 모든 아이에게 양질의 교육과 학습 기회를 제공하는 것이 중요하다고 지적한다. 아래 제안과 질문은 특히 젠더 고정관념과 모든 아이의 젠더와 무관하게 영어 과목에 동등하게 참여할 수 있게 하는 방안을 다룬다.

제안과 질문

- 여자아이인가 남자아이인가에 따라 학급 토론에 참여하는 정도에서 성차가 나타나는가? 성별에 따라 의견을 말하는 유형과 특성이 나타나는지 관찰해보라.
- 교사들은 여자아이들보다 남자아이들에게 질문을 많이 하는가? 이름을 쓴 막대사탕 막대나 공을 뽑아서 대답할 아이를 무작위로 선택하는 것을 고려하라.
- 어린이를 위한 철학에 관한 설명은 6장을 보라. 모든 아이의 말하기 듣기 역량을 계발하는 데 크게 기여할 수 있는 대화식 교수 학습에 대한 접근법이다.
- 젠더에 따라 좋아하는 이야기가 다르다는 통념에 대해 어떻게 대응하는가? 예를 들어 남자아이는 픽션(소설)보다 논픽션(실화)을 더 좋아하고, 여자아이는 판타지나 공상 과학물을 피한다는 것 같은 통념, 남자아이는 액션이 가득한 짧은 이야기를 쓰기 좋아하고 여자아이는 글에서 모험하기보다 상세하게 쓰기 좋아한다는 통념을 말한다.

• 아이들에게 읽어준 문학작품을 비평하라. 아이들의 독립적인 책읽기에 유용하다.

교재
• 책을 성평등 관점에서 분석한 체크리스트는 부록3을, 아이들을 위한 추천도서 목록은 부록4를 보라.

지리

지리에서 아이들은 전 세계 여러 민족이 어떻게 그들의 환경과 더불어 상호작용하면서 살아가는지 배운다. 지구적인 젠더 불평등으로 인해 유엔의 지속가능개발목표 5항은 '성평등 성취와 모든 소녀들의 자력화'를 강조하고 있다. 성평등 관점에서 볼 때, 지리 교육은 이 같은 불평등한 현실뿐 아니라 성평등 사회들의 사례를 통해서도 아이들에게 영감을 줄 수 있다. 지리 과목에서 지역 차원은 물론 지구적 차원의 여러 생활방식들을 이해함으로써, 젠더 고정관념화를 방지하고 아이들이 갖고 있을지도 모르는 지구 다른 쪽의 젠더 관계에 대한 통념에 도전할 수 있게 해주는 것은 중요한 일이다.

제안과 질문
• 전 세계에서 다른 역할을 하는 남자와 여자들, 예를 들면 여

성 농부 같은 사례를 수업에 포함하는가?

- 임금노동과 무임금노동을 구별하는가? 가사노동을 동등한 가치로 인정하는가?
- 권력과 권위를 가진 여자들과 소수민족 계통의 사람들이 적절하게 다뤄지는가?
- 여가 활동을 다룰 때, 언제 남자들뿐 아니라 여자들도 활발하게 활동을 하는 것으로 묘사되는가?
- 지속가능성에 관한 현장학습과 실습, 예를 들어 학교의 재활용 프로젝트 같은 데에 여자아이들뿐 아니라 남자아이들이 모두 참여하는가?

교재

- Arwa Amba-에티오피아-글로벌 사우스Global South[40]지역의 성평등 사회의 고무적이고 긍정적인 사례들. www.genderrespect2013.wordpress.com/teaching-ideas/arwa-amba.
  The Gender Respect Worldpress 성평등에 관한 공동체 구성원들의 오디오 인터뷰, 활동 정보와 가르침을 포함한다.
- 다른 나라의 학교교육-말랄라 유사프자이Malala Yousafzai[41]의 소녀들을 위한 글로벌 교육캠페인 사례를 활용하라.
- 다른 나라의 성평등을 발굴하라. (여기에는 수학과 유의미한 관련성이 있다. 수학/산수 부분을 보라)-당신이 르완다 의회의 여성 대표성과 같은 글로벌 사우스 지역의 몇 나라가 글로벌

노스Global North[42] 지역보다 더 나아지고 있다는 통계를 본다면 말이다.

• 케냐의 노벨평화상 수상자인 왕가리 마타이Wangari Maathari[43] 같은 지속가능성 분야의 여성들(부록4를 보라).

역사

영국 전역의 11세에서 21세까지 소녀와 젊은 여성 1600명을 대상으로 한 걸가이딩Girlguiding 조사에서 절반 이상이 역사 과목에서 여자들의 역할이 남자들만큼 드러나지 않는다고 말했다. 41%만이 학교 교재에서 남자와 여자를 동등하게 보여준다고 말했다. 역사는 유명한 사람들의 삶뿐만 아니라 과거 평범한 사람들의 일상을 배우는 중요한 기회를 제공한다. 과거의 젠더 관계를 이해하는 것은 오늘날 젠더 관계가 어떠한가에 중요한 맥락을 제공한다.

제안과 질문

• 당신은 역사에서 유명한 여성을 공부하는가? 공립학교교육과정 KS1에는 메리 시콜Mary Seacole, 로자 파크스Rosa Parks, 에밀리(와일딩) 데이비슨Emily Davison 등의 예가 있다.

• 전사자 추도일Remembrance Day에 세계대전 중 여성의 역할을 공부하라.

• 로마와 그리스 같은 고대사에서 여성들의 삶을 발굴하라. (더

불어 공립학교교육과정 KS2에 언급된 로마제국 점령군에 맞서 봉기를 주도한 브리티쉬 이케니British Celtic Iceni 부족의 여왕 부디카Boudica도 탐구하라.)

- 젠더 고정관념에서 벗어난 활동을 했던 유명한 남성을 공부하라. 예를 들어 평화를 이루기 위해 노력한 간디, 마틴 루서 킹, 넬슨 만델라.[44]
- 여자아이와 여자들의 사회적 지위와 시대에 따른 젠더 역할을 공부하라. (예를 들어 빅토리아 시대부터 제1, 2차 세계대전, 그 후 수십 년 동안)
- 여성참정권 운동부터 현재까지 페미니즘의 역사를 공부하라.

교재
- www.biographyonline.net/people/world-peace.html.
  교사들에게 유용한 참고 문헌이 있는 미국 사이트.
- www.english-heritage.org.uk/learn/histories/women-in-history/
  영국 역사에서 중요한 여성들의 일대기를 모아놓은 곳.
- www.historicengland.org.uk/research/inclusive-heritage/womens-history
  영국의 여성 생활사와 관련된 자료들.

외국어

영국에서 KS2 단계의 외국어(고대어 또는 현대어) 의무 학습은 2014년 도입되었다. 현재 영국 소녀들은 GCSE의 현대 외국어 분야MFL, modern foreign language에서 소년들보다 뛰어난 기량을 보이고, A level의 MFL을 선택하는 소녀들이 늘고 있다.[45] 외국어교육을 초등 단계에서 시작할 필요가 있다는 점을 인식하고, 중등학교에서 소년들에게 어떻게 언어 과목에 동기부여를 할 것인지에 관한 연구와 안내가 이뤄져왔다. 이 연구들은 영국문학과 마찬가지로 의도하지 않게 고정관념을 강화하거나 여자아이들에게 불리할 수도 있는 특화된 소년 친화적 접근보다는 교수 방법의 개선에 초점을 맞춘다.

제안과 질문
- 외국어를 가르칠 때 아이들이 학습의 구체적인 목적을 알게 하고 실제로 듣고 말할 기회를 갖게 하라.
- 학생들이 외국어 학습과 자신의 삶과의 관련성을 이해하도록 하라. 지구적 시민성, 다른 문화를 배우는 일로 연결하라.
- 학교와 지역공동체의 일부를 대표하는 언어(중국어, 아랍어 또는 우루두어 같은)를 선택하도록 배려하라. 이렇게 하면 영어 외의 추가적인 언어 사용자들에게 외국어 과목에서 숙련자가 될 기회를 부여할 수 있을 것이다.
- 다른 언어권의 여러 나라와 문화를 배우는 일환으로 언어를

가르치라.

- 외국어를 즐겁게 배우는 데 무엇이 도움이 되는지 학생들에게 물어보라.

- 도전할 때는 타인들이 아니라 '개인 최고 성과personal best'에 도전하게 하라. '승자와 패자'라는 생각보다 협동을 강조하는 것이 뒤떨어지는 학습자들에게 특별한 동기부여가 된다고 밝혀졌다. 이것은 남자아이나 여자아이 모두에게 적용된다.

- 모든 훌륭한 가르침이 그렇듯, 학생들이 수업의 목적과 구체적인 활동이 어떻게 연관되는지 알게 하라. 학생들이 언어 학습을 쉽게 이해하고 자신들이 학습을 잘 통제하고 있다고 느끼는 데 도움이 될 수 있다.

- 두 가지 언어로 된 전시물과 홍보 포스터 등을 통해 학교 내에서 외국어의 높은 위상과 가시적 인지도를 보장하라. 지역 공동체 내에서 그 외국어가 모국어인 사용자들과 유대관계를 만들라.

- 프랑스어 학습은 여자아이들에게 더 좋다는 등, 학생들이 가질 수 있는 어떠한 통념들에도 이의를 제기하라.[46]

교재

- www.britishcouncil.org/school-resources
  영국 학교 온라인 위원회[47]의 지침과 교안 자료들.

수학/산수

수학은 16세 이후 소녀들의 참여가 낮아 문제로 지적되어온 STEM 과목 중 하나다. 2012~2013년 소녀들보다 거의 두 배 많은 소년이 A level 수학에 응시했다. 심화수학further mathmatics에서는 소년들이 거의 세 배나 많다. 영어와 문학처럼 좋은 수학 교수법이 핵심적이다. 활발하고, 참여적이고, 의미를 만드는 교수법은 학습을 고무하며, 학습자들이 자신감을 갖도록 장려한다. 또 수학 수업 안에서 사회정의를 증진시키는 기회를 제공한다. 여성들을 포함한 수학자들이 어떻게 수학을 발전시켜왔는지 배우는 것은 수학을 좀 더 접근하기 쉬운 과목으로 만든다. 역사적이고 문화적인 맥락을 깨닫는 것 역시 젠더와 인종이라는 관점에서 수학을 '소유'한 사람과 관습적인 수학의 전용에 도전한 사람들에 대한 생각을 열어준다.

제안과 질문

- 여러 직업과 역할에서 수학을 이용하는 사람들의 다양한 모습을 학생들에게 제시하는가? 젊고, 나이 들고, 매력적이고, 매력적이지 못하고, 활발하고, 활발하지 못한 사람들을 포함하는가? 능력과 직업적 성공에서 평균적인 사람들이 포함되는가?
- 모든 학생에게 여성을 포함한 수학자들이 어떻게 수학을 발전시켜왔는지 배우는 기회를 제공하는가?

- 3차원 물체를 2차원으로 표현한 그림의 해석, 이런 이미지들의 두뇌회전과 연관된 경험과 기술을 여학생들이 습득하도록 하는가? 이것은 남자아이들이 여자아이들에 비해 뛰어나다고 끊임없이 확인된 영역이다. 공학, 건축학, 기하학, 공예나 건설 작업에 중요한 기술인데, 비디오 게임이나 3차원 물체를 2차원 도면으로 만드는 실습 등을 통해 습득되고 개발될 수 있다.
- 소녀들이 고정관념의 위협 때문에 갖게 되는 수학에 관한 걱정을 극복하도록 용기와 피드백을 주는가(동시에 자신감 떨어지는 소년들을 지지하는가)?
- 이해와 문제 해결을 위한 집단 토론과 다양한 전략을 허용하는가? 긍정적으로 평가하고, 탐구와 토론을 활용하고, 너무 빨리 평가를 내리지 않으며, 학생들이 개념을 완전하게 익히도록 해주는 교실은 소녀 소년들에게 도움이 된다.
- 아이들이 학교에서 배운 수학을 활용할 수 있는 다양한 방법에 대해 가족들과 정보 네트워크를 형성함으로써 가족들이 '과학 자본'을 구축하도록 돕는가?

교재

- www.furthermaths.org.uk/girls-careers

  여러 직업에서 수학을 이용하는 여성들에 대한 사례 연구.

- www.mathscareers.org.uk

  수학을 이용하는 직업들에 관한 정보.

- www.mathscareers.org.uk/article/five-famous-female-math ematicians/
  과거와 현대의 유명 여성 수학자들에 관한 짧은 전기.
- www.stem.org.uk/resources/collection/4372/inspring-scientists
  소수민족 혈통의 현재 영국 과학자들에 대한 사례 연구. 각 자료에는 과학자가 그의 일과 삶의 연대기에 대해 말하는 것을 담은 필름, 초등학교와 중학교 연령 집단을 위한 STEM 훈련 계획이 있다.
- 성평등 전략은 여러 가지 다른 방식들로 나타난다. 각각의 나라를 볼 수도 있고 나라들을 서로 비교해볼 수도 있다.[48]
- 첫 번째 여성 수학자 히파티아Hypatia[49]를 포함하는 고대 그리스 연구에서 그에 관한 전기적인 정보와 수학적인 정보를 얻는다.
- 플로렌스 나이팅게일Florence Nightingale의 잘 알려지지 않은 공헌은 통계학자로서의 공헌이었다.[50]

음악

음악은 여자아이들과 남자아이들이 동등하게 선택하는 GCSE의 몇 과목 중 하나다. 그렇다고 음악에서 젠더 고정관념화 문제가 존재하지 않는다는 의미는 아니다. 미술가, 스포츠인, 과학자, 역사학자, 수학자와 마찬가지로 고전음악 작곡가들은 여전히 백인 남성으로 생각되는 경향이 있다. 초등학교에서 악기 선택과 합창과 관련해 여전히 젠더 차별이 있을 수 있다. 음악 제작에서 음악 기술 사용이 증가함에 따라 소녀들이 배제될 위험도 커진다.

제안과 질문

- 학교에서 누가 어떤 악기를 배우는가에 있어 젠더 차별이 있는가? 예를 들어 남자아이들은 금관악기, 일렉트로닉 기타, 드럼을 배우고 여자아이들은 현악기, 목관악기를 배우는가?
- 노래 부르는 데 참여하는 것이 모든 젠더에게 평범한 활동으로 인식되는가? 남자아이들이 학교 합창단에 들어가도록 장려되는가? 많은 남자아이가 노래 부르기에 부정적 태도를 보이는 데 대해서 남자 가수, 노래나 공연을 지도하는 남자 교사의 방문으로 대응하는가?
- 여자아이들과 남자아이들이 여러 다른 스타일의 음악에 동등하게 참여하는가? 예를 들어 오케스트라에 남자아이가, 락밴드에 여자아이가 참여하는가?
- 여자아이와 남자아이의 음악적 재능에 대한 교사들의 태도에 차별이 있는가? 여자아이들뿐 아니라 남자아이들도 전통적인 표기법이나 그래픽을 이용해 그들의 음악적 아이디어를 기록할 것이라고 기대하는가?
- 여자아이들과 남자아이들이 모든 악기를 연주할 수 있는 동등한 기회를 얻는가? (여자아이들이 큰 드럼을 연주하고 남자아이들이 글로켄슈필이나 트라이앵글을 연주하는 기회를 얻는가?)

- 남자아이들만이 아니라 여자아이들도 음악 기술과 그것의 사용법에 접근할 수 있는가?
- 당신과 학생들은 남성 클래식 작곡가만큼 여성 클래식 작곡가를 아는가?
- 당신은 여러 다른 장소, 다른 시기에, 여성과 남성이 참여해 녹음된 다양한 음악을 듣는가?

교재

- www.bbc.co.uk/programmes/p02kn2t6

  Radio 3 Celebrating Women Composer. 역사적인 여성 작곡가와 동시대 여성 작곡가들에 관한 풍부한 정보 자료다. 오디오, 비디오 음악 클럽이 있다.

체육

앤 카리타 에벌슨Ann-Carita Evaldsson은 게임에 관한 성차 연구에서 이렇게 제안한다.

성별을 아우르며 평등하고 동일하게 하는 활동, 여자아이들의 학교 밖 스포츠 활동을 지향하는 교사의 태도는 소수자면서 노동자 계급인 소녀들이 신체적 기량을 개발하고, 소년들의 지배에 도전하며, 운동장에서 게임을 할 때 중요 포지션을 맡는 데 도움이 된다.

제안과 질문

- 여자아이 남자아이 모두 체육, 운동, 경기에 동등하게 접근할 수 있는가?
- 춤과 체조에 남자아이들의 참여가 권장되는가?
- 축구와 다른 구기 종목에 여자아이들의 참여가 권장되는가?
- 체육 과목에서 경쟁보다는 기량 발전에 초점을 맞추는가? 모든 아이가 참여할 수 있도록 하는 차별화된 지원이 있는가?
- 외부 단체에서 스포츠 지도자들을 학교에 초청할 때 긍정적이며 젠더 고정관념을 탈피한 역할 모델을 고려하라. 그들이 학교의 성평등 방침을 알도록 하는가?
- 아이들이 유명한 남성 댄서나 체조선수, 여성 축구선수나 럭비선수를 배울 기회가 있는가?
- 자신감 있는 여자아이들과 지배하려 들지 않는 남자아이들로 운동팀이 구성되나? 학교 운동팀은 아이들에게 참여와 성공의 가능성에 대해 어떤 젠더화된 메시지를 보내는가?
- 학교 밖에서 아이들에게 농구나 등반과 같은 다양한 스포츠와 운동의 기회를 제공하는가?

교재

인터넷 검색을 통해 스포츠, 댄스에서 여성과 남성의 역할 모델을 찾을 수 있다.

- www.theguardian.com/football/2016/aug/03/the-20-greatest-female-football-players-soccer

  전 세계 유명 축구선수들의 사진과 짧은 전기 목록.
- balletboard.com/top-11-famous-male-ballet-dancer/

  전 세계 유명 발레리노 목록.

사회건강교육과 시민의식

젠더 존중 프로젝트 중에 교사들이 개발한 많은 교안과 활동은 사회건강교육과 시민의식 과목에 들어간다. 교안과 활동, 성평등에 관한 변화에 있어 아이들이 시민으로서 참여하는 방법 사례들은 6장을 보라.

제안과 질문
- 남자아이들이 풍부한 감정적 어휘를 개발하고 감정을 이해하는 것을 돕는가? 남자아이들은 세심하고 배려하며, 분노만이 아니라 슬픔도 표현하는 것이 스스로에게 도움이 된다는 사실을 알고 있는가? 여자아이들은 자신들이 분노를 비롯한 풍부한 감정을 느끼고 표현해도 된다는 것을 알고 있는가?
- 신체상身體像, body image[51]에 미디어가 미치는 영향력에 관한 이슈들을 토론하는가?
- 모든 아이가 어릴 때부터 합의의 의미를 깨닫는 것을 포함해

서, 서로 존중하는 관계를 발전시키도록 지원하는가?

- 모든 아이가 사춘기 생리 같은 변화들이 자연스럽고 건강한 것이라고 배우는가?

- 학교 위원회가 교내 성평등을 평가하고 변화를 위한 계획을 세우는데 참여하는 것을 고려하라.

- 남자아이들과 여자아이들은 갈등 해결을 주도하는 데 있어 또래 중재자나 단짝 친구로서 동등하게 개입하는가?

- 모든 아이는 비폭력적인 갈등 해결의 기술을 배우는가? 또 세계 역사에서 평화를 만들거나 변화를 위한 비폭력 행동에 참여한 남성과 여성들의 사례를 배우는가? (예를 들어 왕가리 마타이, 간디, 말랄라, 마틴 루서 킹) 추천도서 목록은 부록4를 보라.

- 소녀들은 세계 곳곳에서 여성들이 정치에 참여한다는 것을 알고 있는가?

- 모든 아이는 유엔 아동권리협약과 세계인권선언Universal Declaration of Human Rights에 평등이 명시되어있음을 알고 있는가? 어린이용 추천도서 목록은 부록4를 보라.

교재

- www.periodpositive.com

  첼라 퀸트Chella Quint의 웹사이트. 생리에 대해 말하기, 사회적 금기에 도전하기, 미디어 리터러시 개발하기에 관한 지침을 담고 있다.

- www.bbc.co.uk/cbbc/curations/international-womens-day

  역사, 스포츠, 문학, 영화, 아이들을 위한 퀴즈(영국 내에서 접속할 때만 구동됨).

- www.genderrespect2013.wordpress.com/teaching-ideas/one-billion-rising

  2월 14일 열리는 연례행사 '10억 궐기'를 소개하는 파워포인트와 '감각으로 시 쓰기' 수업 계획.

- www.hindehouseprimary.net/Data/Parent_Downloads/SexandRelationshipEducation.pdf

  젠더 존중 프로젝트 학교들 중 한 곳의 RSE 정책 사례.

종교교육

종교교육은 성평등을 비롯한 윤리적 이슈를 토론할 수 있는 좋은 기회를 제공한다. 단 교사들이 주요 종교가 갖는 다양한 삶의 방식과 신념을 이해하는 것이 중요하다. 그래야 기존 통념에 문제 제기하는 것이 가능해진다. 종교적 이야기를 가르칠 때 여성을 배제하고 남성 핵심인물에만 무비판적으로 초점을 맞추는 위험이 있다. 교사들은 젠더 균형을 맞추기 위해 각별히 노력해야 한다.

제안과 질문

- 다른 종교들의 여성 역할에 관해 통념이 형성되는가? 이런 통

넘을 어떻게 탐구하고 이의를 제기할 수 있는가?

- 기독교를 포함해 모든 신앙에서 여자들의 역할이 탐구되는가? 여자들의 역할은 시간이 흐르면서 변화되었는가? 종교가 단일한 것이 아니라 다양한 것으로 제시되는가? 주요 종교에 관한 다양한 접근이 어떻게 탐구되는가?
- 모든 종교에서 다양한 배경을 가진 민족이 설명되는가?
- 학생들이 젠더와 종교에 관한 다양한 시각을 탐구할 수 있게 하는가?
- 여러 종교에서 중요한 역할을 했던 여성들이 제시되는가? 예를 들어 판관 데보라Deborah(유대교), 지도자 락슈미 바이Rani of Jhansi(시크교), 짐바브웨의 예언자 네한다Nahanda(쇼나족 애니미즘), 신비주의자 라비아 바스리Rabia'al Adawiyyah(수피교/이슬람교), 주술사와 예지자들(애니미즘), 아빌라의 성인 테레사Theresa(기독교), 용기와 영감을 주는 인물들 소저너 트루스 Sojourner Truth, 메리 시콜Mary Seacole(기독교) 등등.
- 여러 다른 종교의 여성들의 일상적 경험과 삶의 방식에 관해 이야기하는가?
- 학교 집회에 전통 신앙을 가진 사람들이 초대된다면, 그들이 성평등에 관해 주는 메시지는 무엇인가? 여성들은 남성들만큼 초대되는가?

교재

- www.bbc.co.uk/education/topics/zpdtsbk/resources/2

다른 신앙을 가진 사람들을 학교에 초대하고 BBC Bitesize class clip 같은 자료를 이용해 그들의 종교에 대해 이야기하라. 특히 '히잡The Hijaab'은 한 소녀가 왜 히잡을 쓰기로 결정했는지 설명한다.

- www.huffingtonpost.com/2014/03/08/women-religious-leaders_n_4922118.html?slicdshow=true#gallery/340343/14

  당대 전 세계 여러 다른 종교의 여성 지도자들에 관한 사진 슬라이드.

- www.enar-eu.org/IMG/pdf/debunkingmyths_lr_final.pdf

  교사들을 위한 유용한 참고자료. 반인종주의 유럽네트워크 European Network Against Racism의 '유럽에서 여성의 권리, 무슬림 여성, 페미니즘과 이슬람포비아에 관한 신화 뒤집기Debunking myths on Women's Rights, Muslim Women, Femisism and Islamophobia in Europe'.

과학

잘 알려진 통계에 따르면 A level 물리학을 선택한 여학생의 비율이 지난 20년 동안 20% 언저리에 머물고 있다. 여자아이들은 생물을 더 많이 선택하려 한다.

소녀들의 STEM 지적 역량에 대한 젠더 고정관념 탓에 과학 과목 중 생물이 가장 '쉬운' 것처럼 보인다. STEM 직업은 '사람들을 돕고' '세상을 변화시키고' 싶다는 등 가치에 기반한 직업 선택을 인식하는 문제와 더 밀접한 경향이 있다.

초등학교 과학에서 핵심은 과목의 모든 면에 여자아이들이 흥미를 느끼고 접근이 용이하도록 구성해야 한다는 것이다.

제안과 질문

- 젠더 고정관념화에 이의를 제기하면서 과학과 연관된 직업의 다양성을 보여주는가?
- 남자아이들이 생물 관련 주제에, 여자아이들이 물리학 관련 주제(예를 들어 우주)에 관심을 갖도록 적극적으로 격려하는가?
- 교사로서 당신은 젠더 고정관념화되지 않은 과학 영역에 관심을 갖는가?
- 당신은 아이들의 성취와 진보를 적극적으로 돕기 위해 필요한 과학 지식을 알고 있는가?
- 남성 과학자만이 아니라 여성 과학자들도 적극적으로 설명하는가?

교재

- www.amightygirl.com/blog?p=11511
  '과감히 발견에 나선 사람들 : 당신이 알아야 할 16인의 여성 과학자Those Who Dared To Discover:16 Women Sientists You Should

Know'.

• www.stem.org.uk/resources/collection/4372/inspiring-scientist

  소수민족 혈통의 현재 영국 과학자들에 대한 사례 연구. 각 자
  료에는 과학자가 그의 일과 삶의 연대기에 대해 말하는 것을
  담은 필름과 초등학교와 중학교 연령 집단을 위한 STEM 훈
  련 계획이 있다. 설명된 과학자 10명 중 5명은 여성이다.

6. 성평등 직접 가르치기

4장과 5장에서는 드러나지 않는 커리큘럼을 통해 성평등을 촉진하고 공식적인 커리큘럼에 성평등을 반영하기 위한 몇 가지 방법을 안내했다. 이런 방법은 성평등 실현의 중요한 배경이 될 수 있다. 그러나 젠더 역할과 행동에 대한 아이들의 생각을 실제로 바꾸는 데 있어서는 불충분하다는 사실이 광범위한 연구를 통해 확인되었다. 아이들은 수동적으로 주변의 영향을 받기보다 적극적으로 의미를 만들어갈 수 있다. 따라서 아이들이 매일 영향받는 젠더에 관한 의견들을 비판적으로 평가할 수 있도록 지원해야 한다.

예컨대 저학년 단계에서 (직원 구성이나 이미지, 이야기 등의 형태로) 대안적 역할 모델을 활용한 환경 조성만으로 아이들이 이를 흡수할 것이라거나 그것이 현실에 상응하는 대안이 되어주리라고 기대할 수는 없다. 또래들뿐 아니라 그들을 둘러싼 전반적인 세계가 남성성과 여성성을 수행하는 방법을 강력한 증거로 제시하기 때문이다. 고정관념에서 벗어난 놀이를 통해 젠더 이분법의 중간지대를 탐색하는 아이들을 적극적으로 개입해 도와야 한다. 예를 들어 성차별적 발언이나 지배하려는 행동에 이의를 제기하고, 놀이에서 아이들의 역할을 다양하게 만들어줄 수 있다. 또 젠더를 이해하고 공감하는 방법이 무엇인지, 상호 관계에서 무엇이 공정하고 무엇이 불공정한지에 대해 아이들이 토론하도록 지속적으로 기회를 만들어줄 수 있다.

보육교사 스티븐은 자신의 경험을 이렇게 말한다.

오늘 처음으로 보육원에서 남자아이들이 같이 놀고 싶다는 여자아이를 대놓고 거절하는 모습을 보았다. 첫 번째 경우는 실외의 조립 공간에서 일어났다. 나는 체험 공간을 잘 활용하지 못하는 아이들을 적극적으로 돕고 있었다. 한 남자아이를 따라 조립 공간으로 들어가 벽돌을 옮기고, 수준기로 수평을 맞추고, 측정을 시작했다. 그때 여자아이 하나가 들어와 우리와 같이 해도 되느냐고 물었다. 그러자 남자아이가 딱 잘라 거절했다. "안 돼."

"왜 같이 놀면 안 되는 거야?" 내가 끼어들어 물었다.

남자아이는 이렇게 대답했다. "집짓기는 대장들이 하는 거예요. 여자애가 아니라 대장과 남자아이들이요."

나는 되받았다. "남자애들만 집을 짓는 건 아니야. 여자애들도 집을 짓는단다."

하지만 남자아이는 받아들이지 않았다. "아니에요. 여자애들은 아니에요. 제가 말했잖아요. 집은 대장들과 남자애들이 짓는 거예요."

내가 다시 도전했다. "여자애들은 뭐가 달라서 집을 못 짓는 거지?"

나는 여자애들이 남자애들과 똑같이 집을 지을 수 있다는 사실을 강조하면서 남자아이를 이해시키려 했다. 결국 여자아이와 그 아이의 친구는 함께 놀 수 있었다. 하지만 남자아이가 여자아이들을 받아들인 것은 내가 이의를 제기했기 때문이다. 내가 없었다면 그 아이가 여자애들과 같이 놀았을지 확신할 수 없다.

또 다른 경우는 아이들이 나무벽돌 쌓기로 상상력을 발휘하면서 역할 놀이를 할 때 일어났다. 남자아이 하나가 아이들을 불러 모았다. "우리 남자애들의 성을 쌓아보자."

"남자애들만?" 내가 끼어들었다. "왜 남자애들만 해? 여자애들도 하면 안 돼?"

"이 성은 슈퍼히어로를 위한 거예요. 여자 슈퍼히어로는 없잖아요."

나는 몇몇 여자 히어로의 이름을 댔다.

그러자 아이는 이렇게 대답했다. "캣우먼은 나쁘잖아요. 그러니까 슈퍼히어로가 아니에요."

내가 다시 캣우먼과 비슷한 소년 악당들의 이름을 댔다. 남자아이에게 반론을 펴는 과정에서 그 아이가 드러내는 생각을 알 수 있었다. 결국 남자아이는 성 쌓기에 여자아이들이 함께하는 것을 받아들였다.

아이들이 초등학교를 다니는 동안 이미 체득한 젠더 고정관념을 개선하기 위해 직접적 개입을 권장한다. 연구는 이렇게 말한다. '상당히 고정관념화된 태도를 가진 아이들은 직접적 개입이 없는 상태에서 젠더 고정관념에 반하는 정보가 들어오면 이를 왜곡해서 고정관념을 고수하려는 경향을 보인다. 그래서 고정관념을 약화시키기보다 강화한다'Liben, 2001 이런 경향은 고정관념에서 벗어난 텔레비전 콘텐츠에 관한 연구에서 확인된 바 있고, 고정관념에 반하는 그림책을 이용한 연구에서도 확인되었다. 스켈톤과 프란시스Skelton and Francis는 브로닌 데이비스Bronwyn Davies의 연구 '개구리와 달팽이와 페미니스트 이야기Frogs and Snails and Faminist Tales, 2002'를 제시한다. 이 연구에 따르면 대안적인 동화를 어린아이들에게 들려주어도 아이들은 이야기가 의도하는 메시지를 알아들을 수 없었다. 그것이 젠더 범주에 관해 아이들이 갖고 있는 생각과 잘 맞지 않았기 때문이다. 예를 들어 《종이가방 공주The Paper Bag Princess》의 경우를 보자. 공주 엘리자베스는 왕자 로널드를 용으로부터 구출하지만 드레스가 불타는 바람에 종이가방 옷을 입어야 했다. 그런데 이 이야기를 들은 아이들은 기대를 벗어난 엘리자베스에게 거부반응을 보였으며 오히려 엘리자베스가 예뻐 보이지 않는 것을 못마땅하게 여긴 로널드에게 공감했다.

　단순히 아이들을 페미니즘 텍스트에 노출시키는 것만으로는 충분하지 않다. 아이들에게 자신의 경험에 기초해 이런 텍스트를 어떻게 생각하는지 묻는 것도 마찬가지다. …아이들이

의미를 파악해가는 자신을 발견하는 것이 필요하다. 실제 경험과 이야기 사이의 복잡한 관계를 살펴보기 위해 자신이 이미 습득한 지식을 이야기와 연결할 필요가 있다. 또 이야기 속 생각과 이미지를 자신들의 실제 삶과 연결할 필요가 있다. 아이들은 남성 또는 여성, 백인 또는 흑인으로서의 자신과 같은 범주에 속한 구성원들이 이야기 안에서는 얼마나 다른 처지에 놓여있는지, 이야기가 이들을 어떻게 다르게 해석하도록 안내하는지 발견할 필요가 있다.Skelton, 2003

어린이를 위한 철학P4C

'직접적인 개입'의 한 사례는 어린이를 위한 철학[52]을 활용하는 것이다. P4C는 문답식 학습법으로 젠더 존중 프로젝트에서 성공적으로 활용되었다. P4C에서 아이들은 자신의 통념에 의문을 제기하고, 대안적 관점을 공유하며, 서로에게 이의를 제기하고, 특별한 시각을 갖는 이유가 타당한지 고찰하는 데 참여했다. 젠더 존중 프로젝트 관찰 연구 동안, 학생들이 자신의 논거를 분명하게 표현하고 다른 사람의 논거를 듣는 과정에서 이미 P4C를 경험한 아이들이 자신의 의견을 바꾸는 경우가 있었다. 앞서 발판사다리에 오르는 여성 전기기사 사진에 "여자애들은 남자애들만큼 힘이 없고 여자애는 감전될 수도 있고… 그냥 떨어질지도 모른다"고 반응한 아홉 살 소년이 그런 경우다. 그런데 그가 그 사진이 맘에 들지 않는 이유란 "어떻게 여자가 사다리를 오르면서 무거운 것을 들 수 있느냐… 떨어질 수도 있다"는 것이라는 다른 학생의 설명을 듣고난 후, 이 아이는 주장을 이렇게 바꾸었다. "남자애라고 떨어지지 말란 법은 없어. 내가 보통 남자애들처럼 계단을 올라가고 있었는데 여자애 하나가 무거운 걸 들고 계단을 올라왔어. 그런데 그 애가 나를 따라잡았고 내가 뒤쳐졌어. 우리가 남자라고 해서 엄청난 힘을 갖는 건 아니야."

P4C의 목표는 철학적 탐구 공동체를 발전시키는 것이다. 여기에서 아이들과 젊은이들은 자신들이 갈구하는 삶에 관한 질문에 답을 찾기 위해 집단 대화에 참여한다. 이 질문들은 당연히 철학적이지만 하나의 커리큘럼이나 과목에 국한되지 않는다. 아이들은 이것을 '큰' 질문 혹은 '씹기 어려워 꼭꼭 씹어야 하는' 질문으로 평가할 수 있으며 옳은 것과 그른 것, 권리와 책임, 어떤 것을 아는 법, 우리가 인간으로서 가치를 알아보고 평가해야 하는 것 등과 같은 중심 개념의 탐구에 나선다. 이것은 윤리학, 정치학, 인식론, 미학과 같은 철학의 몇몇 전통적인 갈래와 부합한다.

비판적인 사고critical thinking, 창조적인 사고creative thinking, 배려하는 사고caring thinking, 협력적 사고collaborative thinking로 부르는 네 가지 사고가 결합될 때 철학적 탐구 공동체는 잘 운영될 수 있다. P4C에서 생각의 '네 가지 C'로 알려진 이것은 똑같이 중요하게 다룬다. P4C는 좋은 생각을 위해서는 지적인 면과 정서적인 면이 함께 작동할 필요가 있다고 인식하는데, P4C를 고유한 교육학으로 만들어주는 특징 가운데 하나다.

P4C의 중심에는 '합리성reasonableness'이라는 개념이 있다. '합리적인' 사람은 논리적으로 생각할 수 있고, 의문을 가질 수 있고, 구분하고 연결할 수 있는 지적인 역량을 갖춘 사람이다. 아울러 기꺼이 다른 사람들의 견해를 듣고 그에 비추어 자신의 생각을 수정하는 사람이다. '합리적인' 사람은 또한 삶에 대한 생각과 기질이 어떤 결과를 낳을 것인지 인식하고 그에 따라 행동을 변화시키는 역량이 있다.

비판적인 사고critical thinking

P4C를 통해 아이들은 삶에서 접하는 정보와 관점을 비판적으로 수용해 참여하는 역량, 편견과 세뇌, 선동을 인식하고 여기에 맞서 대응하는 역량을 개발한다. 아이들은 통념을 알아채고 여기에 도전하는 것을 배우며, 맥락 속에서 의미를 파악하는 법을 배운다. 또 행동에 따르는 결과를 생각하며 합당한 근거에 따라 판단하고 결정하는 법을 배운다. P4C는 어떤 사안이나 개념을 공론화하거나 의제로 만드는 과정을 수반한다. 비판적 탐구를 통해서 젠더 역할과 젠더 관계를 명확하고 깊게 이해할 수 있다. 이런 비판적 참여와 더불어 P4C는 다른 사람들의 생각과 관점에 개방적인 태도를 갖도록 하며 새로운 근거와 논리적 주장을 접했을 때 기꺼이 의견을 바꿀 수 있도록 한다.

창조적인 사고creative thinking

철학적 탐구는 아이들이 자신의 잠정적인 생각에 의문을 품고, 깊이 생각하고, 실제로 적용해볼 기회를 준다. 아이들이 문제를 다른 방식으로 바라보고 대안적 가능성을 상상하도록 격려한다.

배려하는 사고caring thinking

임상심리학자 엘리자베스 다허Elizabeth Doherr가 P4C에 관해 아이들을 조사 연구한 결과, P4C는 아이들이 생각과 감정을 연결하고 여러 다른 감정들에 이름을 붙이는 데 성공했음을 보여주었다. 이것은 그 자체로 아이들의 감성적 이해 능력 개발을 돕는데, 특히 남자아이들이 '터프할 것'이라는 사회적 기대가 주는 부담에 대응하는 데 있어 중요하다는 사실을 보여주었다.

탐구의 공동체 안에서 깊이 듣는 기회를 주는 것은 아이들이 다른 사람의 입장이 되어보고, 공감하고, 이해할 수 있게 한다.

'배려하는 사고' 개념은 매튜 립먼Matthew Lipman이 고안하고 그의 동료인 앤 사프Ann Sharpe가 발전시켰는데, 감성과 지성을 결합시키는 것으로 요약된다. '배려하는 사고'는 단지 탐구의 공동체에서 기능적으로 요구되는, 다른 사람을 존중하고 그들의 말에 귀 기울이며 어떤 사람에게 관심을 갖는 절차적 측면만이 아니다. 핵심적으로 중요한 어떤 것에 관심을 갖는 것을 포함한다. P4C에서 아이들은 스스로 질문을 만들고 가장 중요하다고 생각하는 것 하나를 선택한다. 그런 다음 그 중요한 문제에 관해 토론하고 나아가 '깊이 생각할 수 있는 것들이 있음'(몇 년간 P4C에 참여한 열 살 아이의 표현)을 배운다.

협력적 사고collaborative thinking

탐구 공동체는 그 자체로 협력적일 수밖에 없다. P4C는 협력을 위한 실제 상황을 제공하는데, 아이들은 그 안에서 질문의 답을 구하고 해결책을 찾기 위해 머리를 맞대고 고민한다. 질문의 답을 찾고 개념을 더 깊이 이해하려는 목적을 이루기 위해서 아이들은 서로 귀 기울이고 협력하게 되는 것이다.

탐구 단계

P4C는 10단계의 틀을 제공하는데, 철학적 탐구 공동체는 그 안에서 발전할 수 있다. 이 틀은 전통적인 한 시간짜리 수업에 맞춰 고안되지만 더 어린 아이들을 위해서는 더 짧은 시간으로, 좀 더 나이가 있는 아이들을 위해서는 두 시간 또는 그 이상의 수업에 맞게 응용할 수 있다. 학생 집단과 교사가 이 과정에 익숙해지면 특별한 탐구의 필요성이나 학생 집단, 커리큘럼에 따라 유연하게 각 단계를 활용할 수 있다. 예를 들어 특정한 커리큘럼 영역을 다루다가 철학적 탐구에 대한 자극이 생겨날 수 있다. 또 앞선 탐구에서 토론한 핵심 아이디어를 요약하거나 무엇에 초점을 맞출지

선택하는 과정에서 새로운 철학적 탐구가 시작될 수도 있다. 탐구 과정에서 조사에 적합한 질문이 만들어지기도 하는데, 학생들은 탐구와 탐구 사이에 조사를 수행할 수 있다. 질문기법 같은 특별한 기술 개발에 집중하는 것은 유용하다. 탐구 중에 제기된 개념, 토론 시작 전 질문 과정에서 등장하는 개념을 탐색하는 연습에 시간을 유용하게 쓸 수도 있다.

1. 준비하기
- 아이들은 서로 대화를 나눌 수 있도록 원형이나 편자 모양으로 앉는다.
- 학생들과 개발한 P4C의 규칙(듣기, 존중하기 등과 관련된 규칙).
- 탐구 역량을 개발하거나 자극물의 내용을 연결하는 게임 또는 활동.

2. 자극물stimulus 제시하기
- 의문을 불러일으키고 토론을 통해 의견을 나눈 다음 되돌아오는 출발점이 되는 것.
- 그림책이나 이야기, 소설이나 실화가 자극물이 될 수 있다. 영화나 애니메이션 같은 다양한 종류의 서사, 음악이나 그림 또는 물건, 종류가 다른 미디어를 결합한 것 등이다. 교안을 진행하는데 성평등에 관한 토론을 불러일으킬 자극물이 될 만한 다양한 자료들이 있다.
- 집단에 생각을 불러일으키는 것, 질문하고 싶게 만드는 것.

3. 자극물에 대해 생각하는 시간

- 자극물에 대해 숙고하는 시간.
- 이 시간은 필수적이며 탐구 과정의 적절한 시점에 주어져야 한다.
- 각자 생각하는 시간을 측정할 수 있다. (분 단위 타이머 사용)
- 학생들에게 질문한다. '무엇이 궁금하니?', '어떤 점이 흥미롭니?'
- 학생들은 짝을 이뤄 대화한 후 그 내용이나 생각을 한 단어로 압축해 피드백할 수 있다.
- 학생들은 그들의 '철학수첩'을 쓸 수 있다(철학수첩은 아이들이 P4C 동안 그리고 그 후에 쓸 수 있는 개인 공책).

4. 질문 만들기

- 교사가 만든 질문을 던지기보다 학생들 스스로 질문을 만들어내게 하는 것이 중요하다. 그래야 아이들은 탐구에 참여하고 있다고 느끼며 그것이 자기 일이라고 생각한다. 질문하기는 배움에 있어 중요한 비판적이고 창조적인 과정이다.
- P4C가 처음인 집단이나 더 어린 아이들인 경우, 이 단계는 전체 집단으로 진행될 수 있다. 생각과 질문을 모아 플립차트나 화이트보드에 적는다. 질문이 나올 때 주목해야 하지만 어떤 하나의 생각이나 질문에 편견을 보이지는 말라.
- 학생들은 짝을 이뤄서 또는 소규모 모둠으로 질문을 개발할 수 있다. 교사는 이렇게 말할 수 있다. "너희가 정말 관심을 갖

고 이야기할 질문을 생각해봐. 인터넷을 찾아보거나 (자극물이 책이나 영화라면) 작가나 감독에게 물어보지 않고, 우리가 이야기하고 생각해서 함께 어떤 대답을 찾을 수 있는 질문 하나를 생각해보렴."

- 교사들은 이런 질문을 '크고', '꼭꼭 씹어야 하고', '삶에 관련되고', '깊은 뜻이 있는', '철학적인' 것으로 묘사한다.
- 화이트보드, 플랩차트나 각자의 종이(모두가 보기에 충분한 크기)에 질문을 쓴다.

5. 질문 발표하기
- 모든 질문을 이해하고 평가해야 한다.
- 학생들은 어떻게 질문을 생각해냈으며, 이것이 자극물과 어떻게 연관되는지 설명한다.
- 질문들 사이의 연관성/차이를 만들어볼 수 있다.
- 질문에서 통념을 확인할 수 있다.
- 학생들은 다른 학생의 질문을 명확하게 하거나 정교하게 다듬기 위해 질문할 수 있다.
- 좀 더 경험 있는 공동체는 질문을 '조사research' 또는 '숙고reflection'로 분류해서 '숙고'의 질문들 중에서 선택하고, '조사' 질문은 다른 과목에서 활용할 수 있다. 성평등 관련 질문 두 개를 사례로 들면, '남성 간호사는 얼마나 많은가?'는 '조사' 질문에 해당하고 '모든 젠더가 어떤 직업이든 가질 수 있는 것이 중요한가?'는 '숙고' 질문에 해당한다.

6. 질문 고르기

- 공정해야 한다.
- 전부 선택 가능, 복수 선택(둘 또는 셋), 선호하는 순으로 복수 선택, 무작위 선택 등의 방법이 있다.
- 비밀투표를 할 수도 있고(예를 들어 원을 그려 바깥쪽을 향해 앉아서 등 뒤로 엄지손가락 올리기) 공개투표를 할 수도 있다 (예를 들어 셀 수 있는 물건을 질문 위에 놓거나 질문 가까이에 서기).

7. 선택된 질문에 대한 첫 생각 말하기

- 선택된 질문에 대한 각자의 첫 생각을 돌아가며 얘기할 수 있다(두 개나 세 개의 단어를 쓰도록 제한할 수도 있다). 말하지 않고 건너뛰는 사람이 있어도 된다.
- 짝을 이뤄 첫 생각을 공유하거나 선택된 질문을 만든 학생들에게 첫 생각을 물어보는 것으로 토론을 시작할 수 있다.

8. 생각 쌓아가기

- 학생들이 어떤 순서로 발언할 것인지 고려해야 한다. 예를 들면 발언자가 발언을 끝낼 때 손을 내밀면 교사가 다음 발언자를 고르기, 발언자가 다음 발언자 고르기(탐구를 원활하게 하기 위해 교사는 언제든 개입할 권한이 있다), 학생들이 발언 기회를 기다리면서 아무도 말하지 않을 때 정적을 틈타 말하기(집단 토론에서 누구나 배워야 할 중요한 기술이다).

- 아이들의 경험이 쌓였을 때는 다양한 손 신호 사용을 고려한다. 예를 들어 새로운 점이 있을 때 엄지손가락 세우기, 다른 사람의 생각에 덧붙이고 싶을 때 주먹 겹쳐쌓기 등이 있다. 이런 방식은 탐구가 서서히 발전해가도록 해줄 뿐 아니라 아이들의 초인지metacognition 즉 자신의 생각에 대해 생각할 수 있는 능력을 갖게 해준다.
- 조력자로서 교사의 역할을 생각해야 한다. 'P4C 원활하게 하기-교사의 역할'을 보라.

9. 마지막 생각

- 논쟁 없이 마지막 발언하기(큰 모둠에서 발언하지 않았던 학생들이 가끔 이렇게 주어진 기회를 이용한다).
- 짝을 이룬 토론으로 되돌아가거나 돌아가면서 대상물에 대해 말하기(대상물을 잡고 있을 때만 말할 수 있다).
- '질문에 답을 찾기 위해 얼마나 노력했나?' 또는 '우리가 이야기한 것이 여러분의 삶에서 어떤 의미가 있나?' 물어볼 수 있다.

10. 되돌아보기

- 학생들이 탐구 과정을 되돌아보는 기회. '별 두 개와 희망사항 하나two stars and a wish'[53] 작성하기, 플러스 마이너스로 나타내기, 흥미 정도 표현하기, www/ebi(잘 된 것/더 나았으면 하는 것)[54] 등을 할 수 있다. 빠르고 가시적인 피드백도 가능하다.

예를 들어 토론이 즐거웠다면(새로운 것을 배웠다면, 생각을 바꾸었다면) 엄지손가락을 들도록 한다.

- 학기에 한 번 개별 수업에서 이 과정을 더 깊이 있게 할 수 있다.
- 되돌아보기가 모둠의 '수행'을 평가하는 기회가 되어서 안 된다. 평가는 긍정적이어야 한다. 되돌아보기는 보다 좋은 토론을 하는 데 초점을 맞출 필요가 있다.
- 되돌아보기를 통해 집단이 다루고자 했던 주제나 문제가 탐구 과정에 있었는지 볼 수 있다. 개별적인 조사, 다른 수업, 장래의 탐구에서도 마찬가지다.

P4C 원활하게 하기-교사의 역할

P4C의 원활한 운영은 대부분 교사들에게 매우 즐겁고 도전적인 일이다. SAPERE[55] Level 1, 2 훈련 과정[56]에는 상당한 시간이 걸리는 만큼 여기서는 간략하게 언급만 할 수 있다. 탐구 기반 학습에 익숙한 교사들조차 P4C를 할 때 학생들의 학습에 대한 통제의 고삐를 푸는 일이 도전이라는 사실을 종종 발견한다. 특히 탐구 과정의 '생각 쌓아가기' 단계에서 그렇다.

학생들 서로가 진실하게 대화하는 것이 중요한데, 실제로도 학생들은 교사가 무슨 생각을 하는지 추측하기보다 스스로 생각하게 된다. 조력자는 자신의 관점을 제시하는 일을 자제해야 하며 오직 잠정적이고 열린 질문 형식으로(가능한 답변이 한 가지 이상 있어야 한다는 의미) 실질적인 개입을 하길 권한다. 이런 방식은 학생들이 말한 것에 반응하여 생각하는 것을 돕는다. 예를 들면 "너희는 '활발한 소녀', 아니면 '여자다운 소녀' 또는 다른 어떤 집단에 맞춰져야 하니? 사람들은 꼭 어떤 집단에 속할 필요가 있을까? 집단에 속하면 너희는 얼마나 자유로울까?" 등의 질문이다. 다른 개입들은 절차적인 것이며 생각의 '네 가지 C'를 지원하는 일과 관련된다. 조력자는 이유나 사례, 요지나 차이점에 대해 물어볼 수 있으며 학생들이 돌아가며 말할 때 잘 듣고 서로 존중하도록 안전장치를 설정해 놓을 수 있다. 조력자는 항상 학생들이 말하고 행동한 것에 반응해서 행동한다. 아이들의 생각을 가까이 따라가도록 집중하면서 그들이 말하는 것에 호기심을 갖고 관심 있게 들어야 한다. 조력자는 집단의 탐구 과정이 궤도를 유지하게 하는데, 앞선 논점들이 관련 있을 때 학생들이 다시 이것을 논의할 수 있게 해 주고 토론이 다른 방향으로 가면 학생들이 알아차리도록 돕는다. 조력자는 언제 어떻게 개입해서 아이들의 생각에 도전할 것인지, 어떻게 탐구 과정을 지원할 것인지, 언제 제지시킬 것인지 계속 판단하게 된다.

> **P4C에서 탐구할 수 있는 젠더 관련 개념들**
>
> 젠더, 평등, 형평, 인권, 아름다움, 자유, 선택, 고정관념, 공정함, 정의, 정체성, 소속감, 존중, 민주주의, 재능, 기술, 학습, 외모, 힘, 우정

질문 안

아이들이 탐구 과정에서 한 걸음 더 나아가 생각할 수 있게 돕는 유용한 질문 목록이 있다. 조력자는 아이들이 만들고 선택한 철학적 질문 속에 있는 개념들에 기초해 질문을 준비하는 것이 이상적이며, 아래 제시한 질문은 단지 참고용이다. 아무 때나 갑자기 끼어들지 말고 아이들의 탐구를 도울 때, 아이들이 말하는 것을 주의 깊게 들은 뒤에만 질문을 사용해야 한다. 보통 이런 질문은 아이들이 서로의 생각에 이의를 제기할 때 더 힘을 발휘한다. 조력자는 신중하게 판단한 후에 질문을 던져야 한다.

질문 사례

외모

- 외모를 가꾸는 일은 시간 낭비일까?
- 항상 외모에 신경을 써야 하나?
- 어떨 때 외모를 가꾸는 게 중요한가?
- 다른 사람들보다 외모에 더 신경을 써야 하는 사람들이 있을까? 배우, 승무원, 의사들은 어떨까?
- 네가 여자아이라면/남자아이라면 외모에 신경을 쓰는 게 더 중요할까?
- 사람들이 남자아이보다 여자아이를 외모로 판단하는 경우가 더 많은가?
- 사람들은 자신이 좋아하는 옷을 입을 수 있어야 할까?

- 사람들이 무엇을 입을지 누가 결정할까?
- 사람들이 어떻게 보여야 한다는 걸 누가 결정할까?
- 왜 남자 아기에겐 푸른색 옷을 입히고 여자 아기에겐 분홍색 옷을 입힐까?
- 겉으로 드러나는 모습만으로 여자아이와 남자아이의 차이를 구분할 수 없다는 게 문제가 될까?
- 외모만 보고 사람을 판단할 수 있을까?

아름다움

- 아름답다는 게 중요할까?
- 아름답다는 게 좋지 않을 수도 있을까?
- 아름다워지는 게 남자아이들보다 여자아이들에게 더 중요할까?
- 공주들은 언제나 아름다운가? 마녀들은 언제나 미운가? 왜 그런가?
- 남자아이들은 화장을 해야 할까?
- 나이든 사람은 아름다운가?
- 아름다운 사람을 누가 결정하나?
- 얼굴이 추한 사람도 아름다울 수 있을까?
- 단지 미디어가 아름답다고 말하면, 아름다운 사람일까?
- 아름다움이 힘을 줄까?

- 언제 자신이 강하다고 느끼는가?
- 무엇이 너를 강하게 만드나?
- 강하면서 동시에 친절할 수 있을까?
- 여성이 남성보다 더 강할 수 있을까?
- 사람들은 힘을 어떻게 쓰는가?
- 강한 사람은 모든 상황에서 항상 강할까?
- 힘을 가진 사람들은 자유로울까?
- 힘을 가졌다는 것은 책임이 있다는 의미일까?

젠더 역할/고정관념화

- 남자들이 어떤 직업에서는 여자들보다 더 나을까? 여자들이 어떤 직업에서는 남자들보다 나을까?
- 남자아이들의 장난감, 여자아이들의 장난감 같은 것이 있을까?
- 남자아이와 여자아이는 서로 다른 걸 가지고 놀아야 할까?
- 어렸을 때 갖고 놀던 것이 나이 들어서 할 수 있는 일에 영향을 줄까?
- 아이였을 때 갖고 놀던 것이 나이 들어서 관심 갖는 일에 영향을 줄까?
- 일부 여자아이들만 남자아이들의 것을 좋아하는가? 일부 남자아이들만 여자아이들의 것을 좋아하는가? 왜 그런가?
- 무엇이 남자아이들의/여자아이들의 것인가?

- 모든 사람이 모든 것을 좋아해야 하는가?
- 여자아이거나 남자아이라는 것이 문제가 돼야 할까?
- 누구나 좋아하는 것을 선택할 수 있을까?
- 누구나 무엇을 할지 선택할 수 있을까?
- 남자아이가 공주 같은 옷을 선택하는 것은 어떤가?
- 여자아이와 남자아이는 다를까?

우정

- 여자아이와 남자아이는 서로 친구가 될 수 있을까?
- 남자아이와 여자아이가 친구가 되는 것이 나이에 따라 달라지는가?
- 여자아이들과 남자아이들은 서로 친구가 될 필요가 있는가?
- 여자아이들과 남자아이들은 서로 친구가 될 수 있어야 하는가?
- 남자아이가 여자아이의 베스트 프렌드가 될 수 있을까?
- 여자아이가 남자아이의 베스트 프렌드가 될 수 있을까?
- 여자아이들은 남자아이들을 이해할까?
- 남자아이들은 여자아이들을 이해할까?
- 여자아이와 남자아이가 같이 놀면 서로 끌리거나 사귀는 것을 의미하는가?
- 자신을 남자아이나 여자아이로 여기지 않는다면 어떻게 될까? 누구와도 친구가 될 수 있는가?
- 우정에서 젠더는 문제가 될까?

공정함

- 네가 어떤 일을 다른 사람보다 잘한다면 언제나 그 일을 하는 사람이 되어야 할까?
- 공정하다는 것이 모두가 평등하다는 의미일까? (공정성과 평등)
- 공정하다는 것이 모두가 같은 방식으로 다뤄져야 한다는 의미일까?
- 가족 구성원 모두가 집안일을 나누어야 할까? (스테레오타이핑과 공정성)
- 불공정하다는 것을 어떻게 판단하는가?

평등

- 모든 사람은 평등해야 할까?
- 평등하다는 것은 똑같다는 것을 의미할까?
- 수학을 할 때 모두가 똑같은 양의 도움을 받아야 할까?
- 모두가 시험에서 똑같은 결과를 얻어야 할까?
- 학생회 같은 곳에 언제나 남자아이와 여자아이 대표/멤버가 있어야 하는가?
- 수업 시간에 모두가 똑같은 발언 시간을 얻어야 할까?

자유

- 남자아이들이 여자아이들보다 더 자유로운가?
- 무엇이 너를 자유롭게 하거나 자유롭지 못하게 하는가?

- 자유가 너에게 힘을 주는가? (자유와 힘)
- 아름다운 사람들은 더 자유롭거나 또는 덜 자유로울까? (자유와 아름다움)
- 누구나 좋아하는 것을 선택할 수 있을까?
- 누구나 어떤 일을 할지 선택할 수 있을까?
- 우리가 우리 자신일 수 있을 때 자유로울까?
- 다른 사람들이 자유롭지 않을 때 내가 자유로운 것이 가능할까?

정체성 / 소속감

- 네가 누구인가에 있어서 젠더는 얼마나 중요한가?
- 네가 누구인가에 있어서 젠더가 중요한 부분인가?
- 여자아이면서 동시에 남자아이인 것이 가능할까?
- 사람들은 자신의 젠더를 어떻게 알까?
- 우리는 젠더가 없는 세상을 살 수 있을까? 그 세상은 어떨까?
- 너는 '활발한 소녀'나 '여자다운 소녀' 또는 어떤 집단에 어울리는 사람이 되어야 할까?
- 사람들은 소속될 집단이 필요할까?
- 집단에 속하는 것이 언제 도움이 될까?
- 집단에 속하는 것이 언제 도움이 되지 않을까? 집단에 들어가는 것이 너를 더 자유롭게 할까 덜 자유롭게 할까? (소속감과 자유)

재능과 기술

- 어떤 일을 하는 방법을 배우는 게 가능할까?

- 여자아이들/남자아이들이 더 잘하는 것이 있을까? 그렇다 면 왜 그럴까?

- 남자아이들이 축구 연습을 많이 했기 때문에 남자아이들만 축구를 더 잘 할까?

- 여자아이들은 원래 자기 느낌을 더 잘 얘기하는 걸까?

- 모든 것은 배워서 습득하는 걸까, 어떤 재능을 타고나는 걸까?

- 여자아이들과 남자아이들의 기술과 재능은 어떻게 다른가?

- 여자들이 남자들보다 아기를 더 잘 돌볼까? 그것을 어떻게 아는가?

- 어떻게 하면 남자들이 아기를 더 잘 돌보게 할 수 있을까?

- 연습을 통해서 어떤 일을 더 잘 할 수 있을까?

다음 단락은 젠더 존중 프로젝트에서 교사들이 개발하고 사용한 것이다. 아이들이 젠더 의제를 다루는 토론에 비판적으로 참여할 수 있도록 P4C를 다양한 논점에서 활용하라.

교수 학습 지도안

교수 학습 지도안
- 젠더 역할에 대해 생각하기
- 젠더와 일
- 젠더와 스포츠
- 정체성, 몸 이미지와의 관련성
- 폭력과 편견

실천 활동
- 학생 회의
- 10억 궐기
- 감각으로 시 쓰기 워크숍

젠더 역할에 대해 생각하기

▶ 활동 1. 젠더 역할에 대해 생각하기

개요/목표 이 수업은 7세에서 11세 학생들에 맞춘 것으로 학생들에게 다양한 젠더 정체성과 역할을 생각하도록 요구한다. 벤 다이어그램의 틀을 사용해 학생들에게 형용사, 직업, 집 안에서의 역할, 육아의 책임을 남성, 여성 또는 둘 다 포함된 집합으로 나누게 한다. 학생들은 자신들의 선택을 비판적으로 생각해야 하고 다른 경우에 대해 숙고해야 한다.

교과과정 연계 PSHE, 시민의식, 영어

교재 원이 겹쳐진 벤 다이어그램이 인쇄된 A₃ 용지[57], 모둠마다 하나씩 잘라서 봉투에 넣은 단어 정렬 세트(표3).

과정
① 네 가지 단어 정렬 세트 중 하나를 고른다. (a) 형용사, (b) 직업, (c) 집 안에서의 역할, (d) 육아
② 학생들을 짝 짓거나 작은 모둠으로 나눈다. 제시된 단어나 서술이 누구와 연결되었다고 생각하는가에 따라 벤 다이어그램의 남성, 여성 또는 둘 다의 집합 위에 두게 한다.
③ 학생들이 어떻게 결정했는가? 어떤 종류의 토론이 있었는가?

학생들의 결정은 어디에서 비롯되었는가? (학생들은 집 안에서의 역할과 육아에 대해 자신의 가족 안에서 일어나는 일에 영향을 받는 경향이 강하다. 그래서 예를 들어 한 부모 가족의 학생이 있다면 논쟁이 벌어질 수 있다. 부모 중 한쪽이 일을 하러 나가거나 둘 다 일을 하러 나가는 경우는 어떨까?)

④ 이 활동이 다른 시대에 이뤄졌다면 아이들의 답변은 차이를 보일까?

    a. 아이들의 조부모가 아이였을 때 (또는 60년 전에)

    b. 아이들의 부모가 아이였을 때 (또는 25년 전에)

    c. 20년 후의 아이들이 했을 때 (미래에)

⑤ 젠더 역할에 대한 이 활동은 아이들에게 무엇을 가르쳐주었나? 남자와 여자의 역할들은 어떻게 바뀌고 있나? 아이들은 역할이 어떻게 변하기를 바라는가?

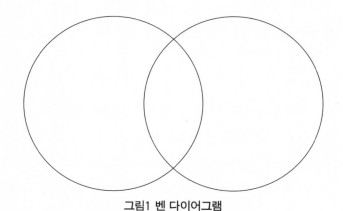

그림1 벤 다이어그램

표3 젠더 역할에 대해 생각해보기

a) 형용사	
강한	약한
배려하는	무신경한
친절한	심술궂은
시끄러운	조용한
거친	온화한
용감한	소심한
우호적인	쌀쌀맞은
사려 깊은	민감한
수줍어하는	깔끔한

b) 직업	
간호사	의사
외과의사	소방관
교사	파일럿
교장	CEO, 관리자
군인	과학자
발명가	간병인
축구선수	댄서
예술가	사회복지사

c) 집 안에서의 역할	
요리	청소
정원 일	계산하기
설거지	다림질

자동차 관리	컴퓨터 고치기
집 안 물건 고치기(DIY)	페인트칠과 꾸미기
장작 패기	휴가 선택하기
쇼핑하기	돈벌이
빨래	쓰레기 버리기
바느질	잠자리 정돈

d) 육아	
기저귀 갈기	학교 데려다주기
숙제 도와주기	부모의 날 가기
자동차 태워주기	빨래와 다림질
치과, 병원에 데려가기	음식 사기
책 읽어주기	운동경기에 데려가기
옷 사기	안아주기
벌주기	목욕시키기
식사 준비하기	놀이터 가기

▶ 활동 2. 젠더 역할-통념과 공정성

개요 이 수업은 매년 셰필드 갈등해결교육 학교훈련의 또래 중
재자 컨퍼런스Peer Mediator's Conference에서 젠더 존중 프로젝트로
실시된 워크숍에 기초하고 있다. 이 컨퍼런스에는 셰필드 전역에서
온 초등학교 연령대의 또래 중재자들이 모여 함께 놀면서 갈등에
대해 많은 것을 배웠다. 수업은 젠더 역할에 대한 토론을 불러일으

키고 통념에 도전하기 위해(부록1에 설명된) 사례 연구로부터 나온 이미지 세트를 이용한다.

교과과정 연계 PSHE, 영어

교재 고정관념을 벗어난 직업 활동, 스포츠, 감정 등을 묘사한 A₄ 이미지 세트. 기록용 플립차트나 화이트보드. 학생들이 그림 주변을 걸어 다닐 수 있고 찬성-반대 줄을 설 수 있을 만큼 충분히 넓은 공간.

과정 스포츠와 체육
학생들은 바닥에 놓인 스포츠 이미지 주위를 걸어 다니다가 가장 흥미를 끄는 한 곳으로 간다. 각 모둠에게 그 이미지를 보고 무엇을 생각했는지, 왜 그것을 선택했는지 묻는다. 선택에 영향을 미친 사고방식이나 통념에 대해 말하게 한다.
반대의견이 나오거나 생각을 불러일으킬만한 무엇인가를 말하는 학생이 있다면, 그의 말을 활용해 찬성-반대 줄을 세운다. 그렇지 않으면 아래의 서술 중 하나를 사용한다.

• 남자아이들은 체육을 소녀들보다 잘 한다.
• 남자아이들은 체육을 소녀들보다 즐긴다.
• 여자아이들은 소년들보다 춤을 더 잘 춘다.
• 남자아이들은 소녀들보다 축구를 더 잘한다.

학생들에게 자신들이 찬성/반대/그 사이의 어떤 곳에 있는지 보이도록 줄을 서게 한다. 학생들에게 왜 거기에 섰는지 물어본다. 사고방식이나 통념을 설명하게 하고 플립차트 위에 기록한다.

직업 학생들은 바닥에 전시된 다양한 직업의 이미지들을 보고 마음에 들거나, 마음에 들지 않거나, 흥미를 느끼는 것 하나를 골라서 그 옆에 선다. 그리고 왜 그 이미지를 골랐는지 모둠별로 토론한다.

각 모둠에 왜 그 이미지를 골랐는지, 무슨 생각을 했는지, 이미지에 동의하는지 물어본다.

사고방식이나 통념을 설명하게 하고 그것을 플립차트에 기록한다.

대안적인 활동 학생들에게 아래 설명에 대해 찬성/반대/그 사이의 어떤 곳에 있는지 보이도록 줄을 서게 한다. 학생들에게 왜 거기에 섰는지 묻는다.

- 여자들만 요리와 청소를 해야 한다.
- 남자들은 여자들보다 돈을 더 많이 벌어야 한다.
- 여자들은 집을 지을 능력이 없다.

감정 학생들은 바닥 위에 있는 여러 감정을 표현한 남자들과 여자들의 이미지를 본다. 마음에 들거나, 마음에 들지 않거나, 불편하게 느끼는 것 하나를 골라서 그 옆에 선다. 학생들에게 이유를 설명하게 하고 어떤 고정관념을 말하게 한다(남자는 울지 않는다거나 여자는 소리치지 않는다는 것 같은).

숙고하기 아이들을 네 개나 다섯 개 모둠으로 묶는다. 모둠별로 아래 질문들에 대해 플립차트 종이에 답변을 기록하면서 토론한다.

- 너는 멋지고 엄청난 힘을 갖고 있다. 그 힘을 남자들과 여자들, 소녀들과 소년들 사이에서 더 공정하고 친절하게 쓸 수 있다면, 네가 하고 싶은 한 가지는 무엇인가?
- 또래중재자로서 (또는 학교에서 다른 역할로서) 힘을 더 공정하게 쓰기 위해 무슨 일을 할 수 있을까?

▶ 활동 3. 우리는 하나-우리는 평등하다

개요 9세에서 11세 학생들에 맞춰 여섯 차례의 수업으로 구성되었다. 지역적-지구적 맥락에서 젠더 역할과 고정관념화를 탐구하기 위해 영화, 책, 여러 나라 정보를 포함한 다양한 자료를 이용한다.

교과과정 연계 영어, P4C, 수학

목적 고정관념과 성평등 토론을 시작하는 것

교재 고정관념/성평등 서술(표4)-모든 학생이 짝을 이뤄 쓸 수 있을 만큼 충분히 준비한다.

과정

① 표4를 이용한다. 학생들을 짝짓게 하고 서술 내용에 찬성할지 반대할지 또는 확신할 수 없는지를 결정하도록 한다.

② 서술 배치를 사진으로 찍어서 기록하고 좀 더 큰 집단에서 관점을 토론한다. 집단들에 대해 신중히 생각하고 서술의 개수를 그에 맞춰 조정한다.

표4 고정관념/성평등 서술

짧은 머리를 한 모든 아이는 소년이다.	여자아이들은 축구를 하면 안 된다.	여자아이들은 대학에서 과학을 공부하면 안된다.
여자들만이 요리와 청소를 해야 한다.	여자들은 버스 운전기사가 되어서는 안 된다.	남자아이들은 춤추는 것을 좋아하지 않는다.
남자들은 미용사가 되어서 안 된다.	남자들은 여자들보다 돈을 많이 벌어야 한다.	남자아이들은 여자아이들보다 힘이 세다.
여자아이들은 남자아이들보다 더 지적이다.	남자아이가 분홍색 옷을 입고 여자아이가 푸른색 옷을 입어도 괜찮다.	알렉스, 조단, 애슐리는 소년 소녀 모두가 쓸 수 있는 이름이다.

남자나 여자나 모두 응급구조대에서 역할을 맡아야 한다.	모든 여자는 아이를 낳아야 한다.	남자들만 수상이 되어야 한다.
여자들은 건축가의 자질이 없다.	여자들에게 꽃을 사주는 것이 가장 좋다.	남자들만 DIY를 할 수 있다.
남자아이들은 네트볼을 하면 안 된다.		

2차시 : P4C 탐구

목적 학생들이 성차별주의와 고정관념화에 대해 생각해볼 수 있도록 P4C 활용하기

교재 앤서니 브라운Anthony Browne의 《돼지책》(1986; 이 책에 관한 더 많은 정보는 부록4를 보라)

과정 자극물로 그림책 《돼지책》을 활용한다. 이 이야기를 잘 포착하는 단어를 고르기 전에, 글과 그림을 이용해 이 책의 내용을 토론한다. 이야기를 전반적으로 나타내주는 단어들을 보면서 토론해볼 만한 흥미로운 철학적 질문을 동의를 구해 정하라.

다음의 생각들이 토론에 도움이 될 수 있다.

• 너희 집의 모습은 어떠니?
• 어떻게 됐으면 좋겠니?

아이들의 가족 구성에 대해 어떤 통념도 만들지 말아야 한다. 이 책을 토론할 때 우선 가족의 모습은 모두 다르다고 말하는 것이 도움이 될 수 있다. 예를 들어 어떤 가족은 엄마가 두 명이거나 아빠가 두 명이고 어떤 가족은 부모가 한 명이다. 어떤 아이들은 할머니 할아버지와 살고 어떤 아이들은 새엄마 새아빠 또는 양부모와 산다 등등.

프로젝트 참여 교사 이본이 지도한 시간에, 많은 아이들은 아빠들이 일의 압박 때문에 아이들과 많은 시간을 보낼 수 없었고, 이것이 아빠와 아이들 모두를 슬프게 만들었다고 말했다. 아이들은 요리를 즐기고 집안일을 돕는 아빠들에 대해서도 이야기했고, 각 가족이 다르다는 사실을 지적했다.

3차시 : 인권

목적 인권과 기본권으로서의 평등 소개하기

교재 유니세프의 〈욕구와 필요 카드Wants and Needs Cards〉[58], 책 《우리는 모두 소중해요We Are All Born Free》

과정 유니세프가 개발한 카드 분류를 통해 '욕구wants'와 '필요 needs'라는 개념을 소개한다(적당한 주거지, 영양가 있는 음식, 학대와 방치로부터 보호, 교육, 건강보험, 공정한 대우 및 차별하지 않기,

맑은 공기, 의견을 나눌 기회, 놀이터와 오락, 깨끗한 물, 자신의 문화와 언어, 종교를 배울 기회, 최신 스타일의 옷, 자전거, 휴가 여행, 자신만의 침실, 개인 컴퓨터, 텔레비전 세트, 휴대전화, 원할 때 쓸 수 있는 돈, 패스트푸드).

모둠에서 아이들은 필요카드 한 장을 고르고 그 생각을 '정지화면'처럼 만든다(자신들의 몸을 이용해 정지 장면을 표현한다). 다른 아이들은 이 장면에 대해 질문한다. "너는 무엇을 느끼고 있어?" "너는 무엇을 하고/생각하고 있어?"

P4C 탐구를 위한 자극물로써 《우리는 모두 소중해요》의 '평등권'에 대한 사진을 이용한다. 이 사진 한쪽에는 소년들이 다른 쪽에는 소녀들이 엄청나게 많이 보인다. 탐구를 평가하는 동안 말풍선을 이용해, '젠더 고정관념과 젠더 불평등은 학생들이 자기 자신을 발견하게 되는 다양한 상황에서(친구관계, 교실, 학교, 집, 가족) 어떻게 영향을 미쳤는지?' 생각한다.

4차시 : 다른 나라의 젠더 불평등

목적   다른 나라의 젠더 불평등 사례를 공부

교재   영화 와즈다wadjda[59], 토론 정리 양식

과정   이 영화는 사우디아라비아 여성 감독 하이파 알 맨사우어 Haifaaal-Mansour의 첫 작품으로, 너무나 자전거가 타고 싶은 소녀의

이야기를 담았다. 수업은 이틀에 걸쳐 진행한다. 아이들에게 영화를 보여주고 이해했는지 확인한 다음, 평등의 결핍에 따르는 어떤 문제들이 있는지 짝을 지어 토론하게 한다. 당신은 영화에 대한 아이들의 반응에 안전장치를 마련해 놓거나 다음과 같은 질문을 토론하기 위해 토론 정리 양식을 이용할 수 있다.

- 이 영화에서 여자아이들과 남자아이들은 어떤 방식으로 차별받는가?
- 너의 상황과 비슷한 점과 다른 점은 무엇인가?

5차시: 직업에서 젠더 고정관념화와 젠더 불평등

목적 직업에 관한 젠더 고정관념화를 더 깊게 생각해보기

교재 방문자들, 고정관념을 벗어나 전문직에서 활동하는 사람들의 사진, 직업을 묘사한 파워포인트 슬라이드.

과정 가능하다면 남자 간호사/남자 전업주부/여성 엔지니어/여성 건축가의 방문을 시도하고 배치한다. 그런 다음 학생들은 방문자의 직업이 무엇인지 알아맞히는 '스무고개'를 한다. 대안으로 사진을 이용하거나 어른이 여러 직업에 대해 역할 놀이를 할 수 있다.

또 다른 활동은 학생들에게 직업과 그 일을 하는 사람들에 대해 생각해보게 하면서 파워포인트 슬라이드에 직업을 묘사하는 것

이다.

직업들의 이점과 장점에 대해 질문한다.

직업 설명

파일럿

- 나는 오랜 시간 일한다.
- 나는 세계를 돌아다니며 일한다.
- 나에게는 안전이 우선이다.
- 나는 휴일에 사람들을 태워준다.

미용사

- 나는 가끔 주말에도 일을 하고 주중 내내 일한다.
- 나는 대중을 상대로 일한다.
- 내 직업은 손과 눈을 일치시키는 능력이 필요하다.
- 나는 머리 모양을 만들고, 염색, 자르기, 파마를 한다.

간호사

- 나는 낮과 밤에 일한다.
- 나는 항상 바쁘다.
- 나는 사람들을 직접 돌본다.
- 나는 의사를 보조한다.

정원사

- 나는 밖에서 일한다.
- 어떤 사람들은 내가 화초를 잘 가꾼다고 말한다.
- 나는 자연과 환경에 대해 큰 열정을 갖고 있다.
- 나는 매우 창조적이다.

경찰

- 나는 대중 가까이에서 일한다.
- 나는 정해진 유니폼을 입는다.
- 나는 걸어서 또는 자동차나 자전거를 타고 거리를 순찰한다.
- 나는 법과 질서를 유지하기 위해 일한다.

사서

- 내 작업 환경은 매우 조용하다.
- 나는 풍부한 자료 옆에서 일한다.
- 나는 정리된 것을 좋아한다.
- 대중은 내 일터에 방문하는 것을 좋아한다.

요리사

- 나는 뜨겁고 매우 긴장된 환경에서 일한다.
- 나는 팀의 한 부분으로 일한다.
- 나는 다양한 도구와 설비를 이용한다.
- 나는 음식을 가지고 일한다.

목적 여러 나라의 성평등에 관한 통계 비교

교재 나라 별 통계(표5)

과정 성평등에 관한 사실들(예를 들어 여성과 남성의 출산휴가) 중에서 하나를 고른다(표5를 보라).

(학급의 규모/역량에 따라) 모둠으로 또는 짝을 이뤄 학생들이 먼저 나라 중 한 곳의 통계를 보고 토론하게 한다. 르완다, 인도, 캐나다, 쿠바, 영국, 노르웨이 등 각 모둠에 다른 나라를 배분한다.

표5 국가 통계

여성과 남성의 출산휴가	
르완다	법률상 엄마와 아빠 모두 출산휴가를 받을 자격이 있다. 엄마는 84일 유급휴가, 아빠는 4일 유급휴가를 신청할 수 있다.
인도	법률상 엄마만 출산휴가를 받을 자격이 있다. 엄마는 84일의 유급휴가를 신청할 수 있다.
캐나다	법률상 엄마만 출산휴가를 받을 자격이 있다. 엄마는 105일의 유급휴가를 신청할 수 있다.
쿠바	법률로는 엄마 또는 아빠 한쪽이 출산휴가를 받을 자격이 있다. 어느 쪽이든 126일의 유급휴가를 신청할 수 있다.
영국	법률상 엄마와 아빠 모두 출산휴가를 받을 자격이 있다. 엄마는 273일의 유급휴가, 아빠는 14일의 유급휴가를 신청할 수 있다.
노르웨이	유급휴가에 관한 법률상 규정이 없다. 그러나 고용주들은 보통 유급휴가를 허락한다. 누구든 343일의 유급휴가 신청이 가능하다.

임금	
르완다	남성과 여성은 같은 노동에 대해 같은 임금을 받지 않는다.
인도	남성과 여성은 같은 노동에 대해 같은 임금을 받지 않는다.
캐나다	법률은 남성과 여성이 같은 노동에 대해 같은 임금을 받아야 한다고 규정한다.
쿠바	법률은 남성과 여성이 같은 노동에 대해 같은 임금을 받아야 한다고 규정한다.
영국	법률은 남성과 여성이 같은 노동에 대해 같은 임금을 받아야 한다고 규정한다.
노르웨이	법률은 남성과 여성이 같은 노동에 대해 같은 임금을 받아야 한다고 규정한다.

노동인구	
르완다	최근 여성 노동인구의 2.6%가 실업 상태다. 남성은 2.4%
인도	최근 여성 노동인구의 3.8%가 실업 상태다. 남성은 3.3%
캐나다	최근 여성 노동인구의 6.4%가 실업 상태다. 남성은 7.6%
쿠바	최근 여성 노동인구의 3.4%가 실업 상태다. 남성은 2.6%
영국	최근 여성 노동인구의 4.6%가 실업 상태다. 남성은 5.1%
노르웨이	최근 여성 노동인구의 4.5%가 실업 상태다. 남성은 5.1%

주택 소유	
르완다	결혼한 남성과 여성이 모두 집을 소유할 권리가 있다. 1999년부터 법제화.
인도	결혼한 남성과 여성이 모두 집을 소유할 권리가 있다. 1874년부터 법제화.
캐나다	결혼한 남성과 여성이 모두 집을 소유할 권리가 있다. 1884년부터 법제화.
쿠바	결혼한 남성과 여성이 모두 집을 소유할 권리가 있다. 1917년부터 법제화.

| 영국 | 결혼한 남성과 여성이 모두 집을 소유할 권리가 있다. 1822년부터 법제화. |
| 노르웨이 | 결혼한 남성과 여성이 모두 집을 소유할 권리가 있다. 1888년부터 법제화. |

국회의원	
르완다	국회의원 64%가 여성.
인도	국회의원 12%가 여성.
캐나다	국회의원 26%가 여성.
쿠바	국회의원 49%가 여성.
영국	국회의원 30%가 여성.
노르웨이	국회의원 40%가 여성.

학교	
르완다	소녀 67%와 소년 70%가 초등학교에서 중학교로 진급.
인도	소녀 91%와 소년 91%가 초등학교에서 중학교로 진급.
캐나다	소녀 100%와 소년 100%가 초등학교에서 중학교로 진급.
쿠바	소녀 99%와 소년 98%가 초등학교에서 중학교로 진급.
영국	소녀 100%와 소년 100%가 초등학교에서 중학교로 진급.
노르웨이	소녀 100%와 소년 100%가 초등학교에서 중학교로 진급.

학생들이 흥미를 느끼거나 놀라워하는 것이 있는가? 반 전체가 평등의 측면에서 우수한 세 나라를 골라, 금, 은, 동메달을 주게 한다. 각각의 다른 통계에 대해서도 이렇게 한다.

각 영역에서 우수한 세 나라로부터 우리가 무엇을 배울 수 있는지 토론한다.

평가

6회 수업에서 우리는 무엇을 배웠는가? 우리가 학교/공동체/나라/세계의 다른 사람들에게 알릴만한 무엇이 있는가?

인터넷에서 얻은 이미지들을 자극으로 한 P4C 탐구

4학년(8~9세 학생들)에서는 '젠더 고정관념'에 관한 이미지를 찾아 몇 가지 그림을 탐구해 아이들의 질문을 이끌어냈다. '왜 사람들은 소녀들만을 위한 것, 소년들만을 위한 것이 있다고 생각할까?' 여기 아이들이 했던 몇몇 발언이 있다.

바비인형

- 네가 바비인형을 봤을 때, 여동생이 아니라 남동생이 놀려고 했던 것일 수 있어. 여성스러운 걸 원하는 남자애라면 바비인형을 좋아할 거야.
- 남자애들이 바비인형을 좋아할 수 있지만 사람들은 웃을 거야.
- 왜 남자애들이 바비인형을 좋아해야 해? 그건 여자애들을 위한거야!
- 바비인형이 긴 머리에 드레스를 입었다고 해서 여자애들만을 위한 건 아니야. 남자애들에게도 바비인형을 사줄 수 있어.

분홍색과 파란색

- 인형들은 분홍색 장신구에 분홍색 포장이 되어있어. 파란색

은 남자애들을 위한 거야. 나는 많은 여자애가 분홍색을 좋아한다고 생각해.

- 여자애와 남자애는 다르게 다뤄져. 여자애들은 분홍색을 좋아하고 남자애들은 파란색을 좋아한다고 말이지. 하지만 나는 분홍색 주름장식 옷을 좋아하지 않아. 쇼핑할 때 힘들어.
- 남자아이가 보라색, 분홍색을 가장 좋아할 수 있어. 여자아이가 가장 좋아하는 색이 파란색 같은 것일 수도 있고.
- 나는 분홍색 주름장식 드레스를 입은 친구를 사귄 적이 있어. 그 애 남동생은 드레스를 입었고 지팡이를 들었어. 내 친구는 여자애들이 다니는 무용학교에 갔지만 그 애 남동생은 들어갈 수 없었어.

일반적인 장난감

- 남자애들과 여자애들은 똑같이 다뤄져야 해. 남자애들과 여자애들이 다른 장난감을 좋아한다고 해서 어떤 차이가 생길 거라고 생각하지 않아. 누구나 자신이 원하는 것을 가져야 해.
- 남자아이가 크리켓 세트를 갖고 싶어 하지 않을 수 있고, 활발한 여자아이가 갖고 싶어 할 수 있어.
- 여자애들이 X박스 게임을 좋아할 수 있어. 내 남동생은 종종 여자애들의 게임을 해.
- 네가 장난감 가게에 가고 싶고 축구를 하고 싶을 때, 아빠가 안 된다고 하면 공평하지 않은 거야.

- 나는 파코스parcours[60]를 좋아해. 내 생일에 '여성스러운' 것이 아니라 자전거를 받고 싶었어. 진심으로 소년용 자전거가 훨씬 더 좋아.
- 테스코Tesco[61]에 갔을 때, 여자아이용 물건과 남자아이용 물건이 분리되어있어야 한다고 생각하지 않아.

체육과 스포츠
- 발레가 여자애들만을 위한 것이라고 말하면 안돼. 남자애도 발레를 할 수 있어.
- 내 친구 엄마는 운동을 잘해. 나는 X박스에 '작은 조랑말' 스티커를 갖고 있어. 네가 좋아하는 게 뭐든 문제가 안 돼. 그냥 너는 너야.
- 남자애들에게 '발레는 허락되지 않는다'고 하면 소외감을 느끼는 애가 있을 거라고 생각해. 말괄량이든 여자애든 남자애든 그런 게 있어선 안 돼.
- 여자애들은 체조를 좋아한다. 남자애들은 남자애들의 것을 좋아한다. 이건 말이 안 돼.
- 말괄량이라는 말에 찬성할 수 없어. 어떤 사람들은 남자아이들의 것과 여자아이들의 것이 구분된다고 생각해. 그건 사람들이 생각하기 달렸어. 여자애들 것과 남자애들 것이 구분되어있다고 믿느냐, 그렇지 않느냐.
- 난 축구를 좋아하고 여자아이들도 축구를 좋아해. 남자아이들도 발레나 체조를 좋아할 거야.

옷

- 내가 항상 여자아이들의 옷을 좋아하지는 않아. 여자애들은 남자애 옷을 고를 권리가 있어야 해. 그건 남자애들도 마찬가지고.
- 내 사촌들은 잘 차려입어. 남자애들은 단정하게 차려입고 화장을 해. 여자애들은 가끔 남자애 옷을 입어.
- 내 남동생은 공주 옷 입는 걸 좋아했었어.

기타

- 여자애들과 남자애들 사이에 다른 건 없어. 누구나 원하는 것을 좋아할 수 있고, 갖고 놀 수 있어야 해.
- 가게에서 장난감, 옷을 섞어놓고 팔아야 한다고 생각해. 말괄량이 같은 건 없어야 해. 여자애 아니면 남자애가 있을 뿐이야. 너는 네가 원하는 걸 가져야 해.
- 나는 분홍색 티셔츠가 하나 있는데 엄마는 파란색을 좋아하셔. 내 여동생은 축구를 해.

▶ 활동 4. 젠더 역할과 연극 수업에 대한 설명

개요 세계는 하나One World Week 수업의 일환으로 이탈리아 콤메디아 델라르테Commedia dell'arte 한 세션에 따라, 남자들과 여자들이 공연에서 맡는 역할을 탐구했다. 아이들은 '소년'이라는 단어가 있는 종이와 '소녀'라는 단어가 있는 종이 두 장을 받아서, 소녀 또는 소년과 관련된 것을 쓰도록 했다.

교과과정 연계 미술, 영어.

과정 아이들이 쓴 내용의 일부는 이렇다.

남자아이들이 남긴 의견
• 소년이 소녀처럼 옷을 입는다면 화장을 할 수 있다.
• 소년들은 축구, 럭비, 야구, 비디오게임을 좋아한다.
• 소년들은 까불고 능글맞아도 된다.
• 태권도, 테니스, 하키, 연기, 텔레비전 보기, 노래 부르기, 달리기, 바느질, 헤어젤, 출구, 자동차, 럭비, 경주
• 옛날에는 남자들만 연극을 하는 것이 허락되었다.
• 어떤 소년들은 축구, 럭비 그리고 술래잡기를 좋아한다.

여자아이들이 남긴 의견
• 소녀든 소년이든 스포츠를 구분해서 할 필요가 없다.
• 소녀들이 소년들처럼 차려입어도 된다.
• 바이올린, 배드민턴, 꽃, 미술, 포니테일 머리, 발레, 노래부르기, 음악, 테디(여성용 속옷), 뜨개질, 동물, 축구, 체조
• 소녀들이 예쁜 드레스를 많이 입을 수 있기 때문에 나는 소녀인 게 좋다.
• 나는 소녀지만 축구를 좋아한다.

- 어떤 소녀들은 소년 같은 것을 좋아한다.
- 소녀들은 옷을 잘 입고 싶어 한다. 또 인형이나 공주를 갖고
  노는 걸 좋아한다.
- 때때로 소년들은 그들을 이해하지 못한다.

아이들에게 교실을 돌면서 축구를 하고 나무를 타는 소녀들, 기사처럼 옷을 입은 소녀들, 드레스와 킬트치마를 입은 소년들, 팬터마임에서 여성을 연기하는 남자들, 양복 입은 여자들의 이미지를 볼 수 있는 기회를 주었다.

아이들은 다섯 개의 질문을 받았고, 질문에 대한 대답을 '예', '아니요', 또는 '중간/결정하지 못한 것'으로 나누어 줄을 서게 했다. 다음은 그들의 발언 중 일부다.

1. 너는 남자애들, 여자애들과 노는 게 행복하다고 느껴?

- 네, 남자애 여자애 모두와 노는 게 행복해요. 남자애들도 여자애들이랑 비슷해요. (소녀)
- 잘 모르겠어요. 나는 여자애들과 놀지 않아요. 거친 게임이나 축구를 더 좋아하거든요. (소년)

2. 말괄량이인 애들이 거슬려?

- 나는 남자 같은 여자애들과는 놀고 싶지 않아요. 거칠게 놀고 싶지 않거든요. (소녀)
- 나는 축구를 하고, 거친 게임도 좋아하고, 남자애들이랑 게

임하는 것도 좋아요. 나는 아빠와 테니스도 쳐요. (소녀)

3. 여자들이 양복을 입는 게 괜찮다고 생각해?
- 여자들이 양복을 꼭 입어야 하는지는 모르겠어요. (소녀)
- 네, 나도 휴가 때 수트를 샀어요. (소녀)
- 아니요, 그건 진짜 이상해 보여요. (소녀)

4. 남자들이 치마(킬트)를 입어도 괜찮다고 생각해?
- 아니요, 내 남동생이 스커트를 입었었는데, 진짜 이상했어요. 사람들이 웃었어요. (소녀)
- 네, 남자애들이 세례를 받을 때 드레스를 입었어요. (소녀)
- 네, 짧은 치마를 입은 남자애를 본 적이 있어요. 우스꽝스러워 보이지 않았어요. (소녀)
- 아마도요. 우스꽝스럽게 보이지는 않겠죠. 남자들이 치마를 꼭 입어야 하는지는 잘 모르겠지만. (소녀)

5. 남자들이 팬터마임에서 여자를 연기하는 게 괜찮다고 생각해?
- 예, 여자처럼 옷을 입어도 괜찮아요. 다른 선택이 없다면 남자들이 그걸 해야죠. (소녀)
- '아니요, 남자들이 화장을 해야 하는데, 모두 웃을 거예요. (소녀)

다음으로 아이들은 자신들의 질문을 개발했고, 철학적 탐구를 위해 아래 질문을 선택했다.

'여자애들이 남자애들의 것을 해도 돼? 남자애들이 여자애들의 것을 해도 돼?'

여자아이들의 발언

- 모든 여자애가 소녀들의 것을 할 필요는 없어요.
- 여자애들과 남자애들이 함께 노는 건 괜찮아요. 어떤 여자애들은 말괄량이고 축구와 럭비를 좋아하거든요.
- 나는 거친 건 좋아하지 않아요, 다칠 수 있으니까요.
- 여자애들과 남자애들은 함께해야 해요. 어떤 남자애들은 체조를 좋아하고 어떤 여자애들은 축구를 좋아해요. 누구나 좋아하는 걸 해야죠. 하지만 무언가를 망가뜨릴 수도 있으니까 거칠게 노는 건 빼고요.
- 노는 시간에 내 친구 남자애와 소년들의 게임을 해요.
- 밖에 있을 때 누구든 같이 놀 수 있어요. 누구든 하고 싶은 게임을 선택할 수 있죠.

남자아이들의 발언

- 나는 싫어요. 나는 남자아이니까 공주나 바비인형, 소녀들의 것을 갖고 놀고 싶지 않아요. 나는 축구가 좋아요. (모든 소녀가 인형놀이를 좋아하는 건 아니라고 말하는 소녀들과 논쟁)
- 남자아이든 여자아이든 원하는 게 뭐든 할 수 있어요. 파쿠르는 체조랑 비슷해요. 나는 파쿠르가 좋아요. 어떤 남자애

들은 자전거 타기를 좋아하고 어떤 남자애들은 체조를 좋아 해요.

• 남자아이들이든 여자아이들이든 그들이 원하는 걸 할 수 있 어요. 내 동생은 체조를 좋아하고 나는 비디오 게임, 체조, 춤추는 걸 좋아해요. 나는 창의적인 소녀처럼 되고 싶어요.

• 남자애들은 소녀들의 게임을 할 수 있고 여자애들은 소년들 의 게임을 할 수 있어요. 어떤 여자애들은 축구를 하고 어떤 남자애들은 체조를 해요.

• 어떤 여자애들은 소년들의 것을 갖고 놀기 좋아하고 어떤 여자애들은 소년들의 물건을 갖고 놀기를 좋아해요. 그들이 원하는 것이 무엇이든. 그들은 자신의 삶을 선택할 수 있어 요. 원하는 건 무엇이든 자유롭게 할 수 있어요.

이어서 아이들에게 '철학수첩'에 질문에 대한 생각을 쓰도록 했다.

여자아이들의 생각

• 여자애가 축구를 좋아한다면 할 수 있어요. 말괄량이일 수 있으니까요. 여자애들하고만 친구가 될 필요는 없고 남자애 들하고도 친구가 될 수 있어요. 남자애들과 축구 할 수도 있 고 친구가 될 수 있으니까요. 여자애들도 럭비를 잘할 수 있 어요. 내 친구가 럭비와 크리켓을 하거든요.

• 괜찮은 것 같아요. 나도 소년들의 것을 하기 좋아하거든요.

• 여자애들과 남자애들은 같이 놀아도 돼요. 차이가 없으니까

요. 그냥 어떤 남자애들은 축구를 좋아하고 어떤 여자애들은 체조를 좋아해요.

- 누구나 좋아하는 건 무엇이든 자유롭게 할 수 있어요.
- 여자애들이 남자아이의 옷을 입어도 된다고 생각해요. 나도 여자지만 남자애들의 옷을 입거든요.
- 여자애들이 축구를 할 수 있다고 생각해요. 나무에 오를 수도 있고, 남자애들과 놀 수 있어요.

남자아이들의 생각

- 괜찮아요. 내가 어렸을 때 바비인형을 갖고 놀았고 내 여동생은 쥬라기 공원을 갖고 놀았어요.
- 어떤 여자애는 소녀들의 물건을 갖고 노는 걸 좋아하지만 베스트 프렌드가 남자애일 수 있어요.
- 여자애들이 남자애들 것을 해도 돼요. 누구든 자신의 인생을 살 수 있잖아요.
- 소년들의 것 또는 소녀들의 것은 없다고 생각해요. 나는 남자애지만 체조를 좋아하고 여자인 친구들도 있어요. 걔들은 럭비와 테니스를 좋아해요.
- 여자아이든 남자아이든 원하는 것을 할 권리가 있다고 생각해요. 자신이 결정하고 원한다면 체조를 할 수 있어요. 좋아하는 걸 선택할 수 있잖아요. 여자애들은 남자애들의 물건을 갖고 놀 수 있고 남자애들은 여자애들의 물건을 갖고 놀 수 있어요.

젠더와 일

▶ 활동 1. 젠더와 일

개요 7세에서 9세 학생들을 위한 수업 과정. 희망하는 미래의 직업을 통해 공정성, 평등과 젠더 개념을 탐구

교과과정 연계 수학(통계), 영어, ICT, PSHE, P4C

1차시 : 가정에서 젠더 역할

목적 학생들의 가정에서 누가 어떤 (유급, 무급의) 일을 하는지 탐구하기

교재 '가정에서 누가 어떤 일을 하는가?' 질문(표6), 방안지

과정 이 수업에 앞서, 학생들의 가족과 친구들이 무슨 일을 하는지, 누가 집안일을 하는지 알아보는 설문지를 가정에 보낸다 (표6). 수업에서는 결과를 공유하고 학생들에게 누가 집안일을 가장 많이 하는지 보여주는 막대그래프를 만들게 한다.

표6 집에서 누가 어떤 일을 하는가?

돈을 받는 일 (일의 이름과 그 일을 하는 사람)				
돈을 받지 않는 일	**여성**	**남성**	**모두**	**설명**
육아				
음식 차리기				
식탁 차리기				
잠자리 준비				
쇼핑				
욕실 청소				
청소				
빨래				
다림질				
쓰레기 버리기				
재활용				
정리정돈				
DIY				
침구 바꾸기				
선반 청소				
창문 닦기				
바느질 수선				

목적 데이터 분석으로 시기별 여성 고용 현황 알아보기

표7 잉글랜드 웨일스의 여성 경찰, 2003~2017

매년 3월 현재			
년	전체	여성	
		인원	비율
2003	132,509	25,139	19.0
2004	138,468	27,925	20.2
2005	141,059	29,940	21.2
2006	141,523	31,520	22.3
2007	151,892	33,117	21.8
2008	141,859	34,332	24.2
2009	143,770	36,121	25.1
2010	143,734	36,998	25.7
2011	139,110	36,532	26.3
2012	134,101	35,692	26.8
2013	129,956	35,471	27.3
2014	127,909	35,653	27.9
2015	126,818	35,738	28.2
2016	124,066	35,498	28.6
2017	123,142	35,844	29.1

과정 아이들에게 정보를 읽고 분석하게 한다.[62] 안내에 따라 몇 가지 질문을 한다.

◆ 잉글랜드 웨일스의 여성 경찰, 2003~2017

1. 2003년 여성 경찰은 몇 %인가?

2. 2010년에는 여성 경찰이 몇 명인가?

3. 2017년에는 여성 경찰이 몇 명인가?

4. 2017년 여성 경찰은 몇 %인가?

5. 시간이 지나면서 여성 경찰의 수는 늘었는가, 아니면 줄었는 가?

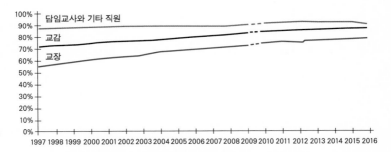

그림2 초등학교와 유치원(영국) 교육에서 여성, 1997~2016

출처 : DfE, school workforce in England, various year 지난 몇 년간 영국 학교 인력

◆ 초등학교와 유치원 교육에서 여성(영국), 1997~2016

1. 초등학교와 유치원에서 여성 교장의 비율은 시간이 흐르면서 늘었는가, 줄었는가 아니면 그대로인가?

2. 초등학교와 유치원에서 여성 교장의 비율과 담임교사의 비율 중 어느 것이 더 높은가?

3. 1997년에 여성 교장은 몇 %인가?

4. 2009년 여성 교감은 몇 %인가?

5. 2016년에 여성 담임교사는 몇 %인가?

6. 초등학교와 유치원의 여성 담임교사의 비율은 시간이 흐르면서 늘었는가, 줄었는가 아니면 그대로인가?

◆ 군대 내 여성, 1997~2017

1. 2017년 여성 육군 장교는 몇 %인가?

2. 2000년 여성 해군은 몇 %인가?

3. 1997년 여성 공군은 몇 %인가?

4. 2017년 여성 공군은 몇 %인가?

5. 군대 내 전체 여성 군인의 비율은 늘었는가, 줄었는가?

6. 이 표를 갖고 질문 세 개를 만들어보라.

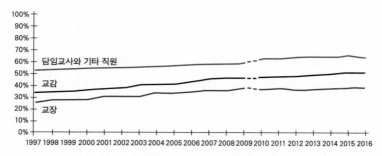

그림3 중등 교육(영국)에서 여성, 1997~2016

출처 : DfE, school workforce in England, various year

표 8 군대 내 여성, 1997~2017

%

		1997	1998	1999	2000	2001	2002	2003	2004	2005	2006	2007	2008	2009	2010	2011	2012	2013	2014	2015	2016	2017
육군	장교	7.7	8.4	8.7	9.2	9.5	9.8	10.2	10.3	10.6	10.8	11.1	11.3	11.2	11.3	11.3	11.6	11.9	11.8	11.9	11.8	11.8
	기타 계급	5.9	6.5	6.7	6.8	6.7	6.8	7.0	7.0	7.0	7.1	7.2	7.3	7.3	7.3	7.4	7.7	8.0	8.2	8.4	8.5	8.6
	계	6.1	6.8	7.0	7.1	7.1	7.2	7.4	7.5	7.5	7.6	7.7	7.8	7.8	7.9	8.0	8.2	8.5	8.7	9.0	9.0	9.1
해군	장교	5.6	5.8	6.1	6.8	7.2	7.6	7.8	8.2	8.5	8.9	9.0	9.4	9.7	9.7	9.7	9.7	9.9	10.0	10.2	10.4	10.8
	기타 계급	7.5	7.7	8.0	8.2	8.4	8.7	9.1	9.3	9.4	9.5	9.5	9.6	9.5	9.6	9.3	9.1	8.8	8.8	9.1	9.1	8.9
	계	7.2	7.3	7.6	8.0	8.2	8.5	8.9	9.1	9.2	9.3	9.4	9.5	9.6	9.6	9.4	9.2	9.0	9.1	9.3	9.3	9.3
공군	장교	8.0	8.6	9.2	10.1	10.6	11.1	11.6	12.4	13.1	13.7	14.3	14.7	15.3	15.4	15.7	15.9	16.4	16.5	16.5	16.7	16.9
	기타 계급	8.8	9.1	9.4	9.7	10.1	10.5	11.0	11.5	11.8	12.0	12.4	12.7	13.0	13.2	13.2	13.2	13.2	13.0	13.2	13.2	13.2
	계	8.6	9.0	9.3	9.8	10.2	10.6	11.1	11.7	12.1	12.3	12.8	13.2	13.5	13.7	13.8	13.9	13.9	13.8	13.9	14.0	14.0
전체	장교	7.3	7.8	8.3	8.9	9.3	9.7	10.1	10.5	10.9	11.3	11.6	11.9	12.1	12.2	12.0	12.4	12.6	12.7	12.7	12.8	13.0
	기타 계급	7.0	7.4	7.6	7.8	7.9	8.1	8.4	8.6	8.7	8.7	8.8	8.9	9.0	9.0	9.1	9.1	9.2	9.3	9.6	9.6	9.6
	계	7.0	7.5	7.7	8.0	8.1	8.3	8.7	8.9	9.0	9.1	9.3	9.4	9.5	9.6	9.7	9.7	9.8	9.9	10.1	10.2	10.2

출처 : 국방부 인사 통계 Defense personnel statistics, varios years, 매년 4월 현재

◆ 중등 교육에서 여성(영국), 1997~2016

1. 중등 교육에서 여성 교장의 비율은 시간이 지나면서 늘었는가, 줄었는가 아니면 그대로인가?

2. 중등 교육에서 여성 교장과 여성 담임교사 중 어느 쪽의 비율이 더 높은가?

3. 1997년 여성 교장은 몇 %인가?

4. 2009년 여성 교감은 몇 %인가?

5. 2006년 여성 담임교사는 몇 %인가?

6. 중등 교육에서 여성 담임교사의 비율은 시간이 지나면서 늘었는가, 줄었는가, 아니면 그대로인가?

7. 초등 교육 그래프를 다시 보라. 초등/유치원 교육과 중등 교육 중 어느 쪽이 여성 교장의 비율이 더 높은가?

8. 초등/유치원 교육과 중등 교육 중 어느 쪽이 여성 담임교사의 비율이 높은가?

9. 두 표를 갖고 질문 다섯 개를 만들어보라.

◆ NHS에서의 여성(영국), 2000~2015

1. 2000년에 여성 상담사는 몇 %인가? 이 비율은 늘었는가 아니면 줄었는가?

2. 2015년 여성 지역 보건의는 몇 %인가? 이 비율은 2000년까지 늘었는가 아니면 줄었는가?

3. 2009년 여성 간호사, 조산사, 방문간호사 비율은 어떤 변화가 있는가?

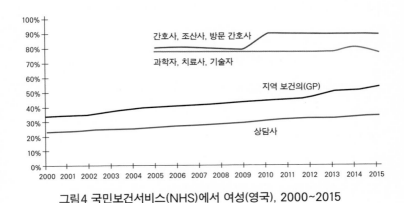

그림4 국민보건서비스(NHS)에서 여성(영국), 2000~2015

출처 : 영국 NHS 정보센터, NHS 인력 통계, various years

4. 2010년 여성 간호사, 조산사, 방문간호사 비율이 어떤 변화가 있는가?
5. 2015년 여성 간호사, 조산사, 방문간호사는 몇 %인가?
6. 위의 두 줄이 2015년부터 시작되는 이유가 무엇이라고 생각하는가?
7. 이 데이터를 갖고 질문 세 가지를 만들어보라.

유치원과 초등 교육, 국민보건서비스, 경찰과 군대 등 몇몇 직업에서 일반적으로 여성의 비율이 증가하고 있다는 것을 알게 될 것이다.

이어 그래프가 전반적으로 보여주는 내용에 대해 토론하라. 놀랄만한 어떤 것이 있는지, 왜 어떤 분야에서는 남성이 더 많고 어떤 분야에서는 여성이 더 많다고 생각하는지 학생들에게 질문한다.

3차시 : 장래 직업에 대한 설문

목적 아이들이 장래에 하고 싶은 일에 대해 생각해보기

교재 파워포인트 프레젠테이션 질문

과정 2차시 토론 후에 학생들에게 다음 질문들에 대해 생각해보게 한다.

1. 나이 들어서 할 세 가지 일을 고를 수 있다면 무엇을 고를까?
2. 네가 생각하기에 그 직업을 가지려면 무엇이 필요할까?
3. 네가 꿈꾸는 일을 못 하게 막는 것이 있다면 무엇일까?
4. 네가 꿈꾸는 일은 지금 남자들이 더 많이 하고 있나, 여자들이 더 많이 하고 있나?
5. 같은 젠더의 사람들, 다른 젠더의 사람들 또는 여러 젠더의 사람들과 일하는 것 중 너에게 가장 행복한 경우는 무엇일까?

목적 여자와 남자가 어떤 직업을 가질 수 있는가에 대한 학생들의 인식에 도전하기

교재 직업에서 젠더 고정관념을 따르지 않는 사람들 사진

과정 직업에 있어서 젠더 역할에 의문을 제기하는 사진을 자극물로 이용한다. 예를 들면 집안일을 하는 남자, 여자 군인, 남자 간호사. 학생들은 작은 모둠으로 나뉘어 사진을 분류하고 그 기준에 대해 토론한다. 다음과 같은 범주들이 사진 분류의 예가 될 수 있다. 다른 사람을 돌보는 일에 관련된 직업을 보여주는 이미지, 돌보는 역할은 아니지만 다른 사람과 함께 일하는 직업을 보여주는 이미지, 자기 소유의 일을 하는 사람들의 이미지, STEM 직업을 보여주는 이미지, STEM이 아닌 직업을 보여주는 이미지, 놀라운 이미지, 기대가 되는 이미지 등.
아래와 같은 질문을 한다.

1. 어떤 범주로 분류했나?
2. 왜 그런 범주를 선택했나?
3. 다른 모둠과 어떻게 다른가?
4. 두 개 또는 그 이상의 범주에 포함될 수 있는 사진이 있는가?
5. 다른 모둠의 분류에 이의를 제기하고, 사진들 가운데 하나를

옮기고 싶은 사람이 있나?

학생들에게 철학적 질문을 만들게 하고, 반 전체가 그중 하나를 선택하게 하는 것으로 P4C를 시작한다. 학생들은 둥글게 앉아서 선택한 질문에 대해 각자의 생각과 의견을 나누어야 한다.

5차시 : 방문자

목적 고정관념을 따르지 않는 직업에 대해 생각하고 더 많은 직업을 찾아보기

교재 방문자, 변장을 위한 옷, BBC 뉴스라운드 클립, '건축가는 아이들에게 미래의 모든 직업을 바라보게 격려한다Builder inspires kids to look at all jobs in the future'[63] 또는 평등과 인권 위원회Equality and Human Rights Commissions's의 '패스 잇 온Pass it on'[64]

과정 이 수업을 위해 남성 또는 여성이 차지하는 직업 분야의 전문가나 경험자를 외부 강사로 초대할 수 있다.

BBC 뉴스라운드 클립 '건축가는 아이들에게 미래의 모든 직업을 바라보게 격려한다'나 평등과 인권 위원회가 만든 '패스 잇 온'을 보는 것으로 시작한다. 이 영화는 '아이들이 어떤 직업에 대한 고정관념에 도전하고 그들의 장래에 대해 생각해보도록 고무하고 격려'하려는 데 목표를 둔다.

이어서 학생 몇 명에게 소방관, 경찰, 적십자 봉사자, 건축가, 버스 기사나 의사 같은 옷을 입게 한다. 그리고 그들이 생각하기에 이 직업들이 소년만을 위한 것인지, 소녀만을 위한 것인지, 아니면 그 중간인지에 따라 줄을 서게 한다. 방문자의 직업에 대해 더 많은 것을 알아내기 위한 질문을 만들어보게 한다.

6차시: 젠더와 일 고정관념에 대한 P4C

목적 젠더 고정관념화와 직업에 대해 더 깊이 생각해보기

교재 종이와 필기구

과정 학생들에게 지금까지 끝낸 모든 수업을 다시 상기시킨다. 학생들이 배운 것을 숙고할 수 있도록 그들의 생각을 자극물로 활용하게 한다. 그리고 학생들이 더 토론해보고 싶은 철학적 질문에 대해 답을 구하게 한다.
이런 질문이 예가 될 수 있다.

- 같은 일을 할 때 남자아이들과 여자아이들은 책임을 같이 가져야 한다고 생각하는가?
- 왜 남자아이들을 위한 일, 여자아이들을 위한 일이 있다고 생각하는가?

목적 경험과 기술에 적합한 가능한 직업 찾아보기

교재 컴퓨터, 노트북 또는 태블릿 PC-한 명에 한 대 또는 두 명에 한 대씩, '젠더와 직업 조사' 작성 양식(표9), '젠더와 구직 지원서' 작성 양식(표10)

과정 컴퓨터, 노트북, 태블릿 PC 이용. 학생들이 장래 자신에게 적합한 직업에 대해 서로 질문[65]하게 한다. 학생들에게 그 직업을 갖기 위해 필요한 것이 무엇인지, 그 직업이 어떤지 조사하게 한다.[66] 학생들은 '젠더와 직업 조사' 작성 양식을 이용한다(표9).

학생들은 '젠더와 구직 신청서'(표10)를 활용해 자신이 선택한 직업에 대한 지원서를 쓰고 면접 기술을 연습한다. 이력서 작성, 면접 질문과 기술을 위한 자료는 내셔널 커리어National Careers 웹사이트[67]를 이용하라.

교사 또는 학생들이 면접을 볼 지원자 몇 명을 고른다. 지원자들이 면접을 준비하는 동안 선택되지 못한 지원자들은 각 직업의 면접관이 되어 면접 질문을 만든다.

부가 활동 직업 박람회를 조직해서 전통적이지 않은 젠더 역할을 하는 대표적인 남자, 여자를 초대한다. 직업 박람회를 조직했던 젠더 존중 프로젝트 교사 중 한 명은 이렇게 말한다. "아이들은 열

표9 젠더와 직업 조사

직업 조사
직업:
무엇과 연관된 일인가
그들은 어떻게 일하나
그들은 어디에서 일하나
이 분야에 연관된 다른 직업
필요한 자격과 경험

표10 젠더와 구직 지원서

구직 지원서
이름:
직업:
1. 소개(갖고 있는 기술에 대한 간단한 개요와 이 직업을 원하는 이유)
2. 왜 이 직업을 갖고 싶어 하는가? (구체적으로 쓰기. 예를 들어 이 분야에 관심이 있다. 사람들과 함께 일하는 것을 원한다. 흥미로운 기회다.)
3. 이 일을 하는데 도움이 될 만한 과거 경험 (취미, 방과 후 활동, 특별 활동)
4. 어떤 역량이나 기술을 갖추면 이 일을 잘하는데 도움이 될까? (수학, 운동, 팀워크, 듣기, 리더십, 자신감)
5. 이 직업은 무엇과 연관되었다고 생각하나? (핵심 책무, 일하는 곳, 일하는 방법)
서명

정적이었고 열심이었다. 그들의 인식, 특히 경찰관에 대한 인식은 성공적으로 도전받았다. 많은 학생이 자신의 인식이 바뀌었다고 표현했으며, 거의 모든 학생이 자신이 배운 역할 가운데 하나를 해보고 싶다고 말했다."

평가 학생들의 생각이 바뀌었는지 보기 위해 3차시 활동을 다시 하게 하라. 활동에 대해 더 생각해보기 위해 '젠더와 직업 평가 양식'을 이용하라(표11).

표11 젠더와 직업 평가

1. 다음 활동들이 얼마나 즐거웠나? 1부터 5까지 점수를 매긴다 (1=전혀 즐겁지 않았다, 5=매우 즐거웠다)					
어떤 직업 분야에서 일하는 남자, 여자의 숫자를 나타내는 그래프에 관한 질문들	1	2	3	4	5
고정관념을 탈피한 영역에서 일하는 남성과 여성들에 관한 P4C	1	2	3	4	5
방문한 사람	1	2	3	4	5
장래 직업 선택에 관한 조사	1	2	3	4	5
2. 직업과 젠더 고정관념에 관한 학습에서 무엇을 배웠나?					
3. 내가 교사라면, 직업과 젠더 고정관념에 관해 학생들에게 무엇을 가르칠까?					

젠더와 스포츠

개요와 목적 스포츠와 젠더에 관한 학생들의 고정관념에 도전하기 위해 P4C를 활용한 수업

교과과정 연계 PSHE, 영어, P4C

교재 영화 '빌리 엘리어트Billy Elliot'와 '슈팅 라이크 베컴Bend it like Beckham'의 영상 클립, 다양한 스포츠를 하는 여성과 남성의 이미지, 신문 기사(2012년 올림픽에서 처음으로 여성 복싱이 채택되었다, 남성 체조와 여성 체조의 차이, 사우디아라비아 여성들은 스포츠가 금지된다 등등).

과정

1. 준비 : 교실에 가상의 선을 만드는데 한쪽은 '남성male', 다른 한쪽은 '여성female'으로 한다. 교사가 스포츠 하나를 말하면 학생들은 그것이 남성 스포츠라고 생각하는지, 여성 스포츠라고 생각하는지, 아니면 모두의 스포츠 또는 중간이라고 생각하는지 즉시 떠오르는 생각에 따라서 줄의 한 지점에 선다.

2. 질문 만들기 : 학생들에게 교재를 참고하면서 그들의 생각을 쓰게 한다. 학생들은 교재 내용과 관련하여 토론하고 싶은 철학적 질문을 만들어야 한다.

모둠별로 하나의 질문을 고른다. 모둠에서 나온 질문들을 보드

에 적고 각 모둠이 설명한다. 모든 학생은 눈을 감고, 교사가 질문들을 낭독한다. 학생들은 손을 들어서 토론하고 싶은 질문을 고른다.

학생들은 P4C의 규칙, 예를 들어 순서대로 말하기, 주의 깊게 듣기, 존중하기 등을 다시 상기한다.

3. 첫 번째 생각 : 학생들에게 첫 번째 생각을 적게 한다.

4. 생각 쌓기 : 토론을 시작하는 한 명을 선택한 다음 학생들이 집중해서 비판적 태도로 듣게 한다. 이어 문장을 다음과 같이 시작해서 서로 응답하게 한다. '나는 ~에 동의한다/동의하지 않는다.', '나는 ~라고 생각한다.', '~가 말한 것에 대해 나는 새로운 관점이 있다.'

5. 마지막 한마디 : 원을 그리며 모두가 마지막 생각을 말하도록 기회를 준다. 문장은 '나는 ~인지 궁금해'로 시작한다.

3학년 탐구에서 만들어진 질문의 예들

- 왜 어떤 스포츠는 모든 젠더가 할 수 없나?
- 왜 사람들은 남자아이는 할 수 없지만 여자아이는 할 수 있고, 여자아이는 할 수 없지만 남자아이는 할 수 있는 것이 있다고 생각할까?
- 왜 사람들은 남자애들이 발레 하는 걸 좋아하지 않지?
- 왜 여자는 모든 스포츠를 할 수 없지? (선택된 질문)
- 왜 체조에서 남자와 여자는 다른 도구를 쓰지?

여자아이들의 발언

• 여자애들은 쇼핑을 좋아하고 남자애들은 달리기를 좋아한
다. 이런 이유 때문에 어떤 사람들은 여자애들이 스포츠를
못 할 것이라고 생각한다.

• 어떤 사람들은 여자애들에게 운동을 시킨다. 다른 사람들은
남자애들이 더 강하고 빠르다고 생각해서 걔들만 운동을 할
수 있다고 생각한다.

• 어떤 여자애들은 남자애들보다 강하다. 모든 남자애는 자기
들이 여자였다면, 어떤 스포츠를 좋아한다면, 그런데 그 스
포츠를 할 수 없다는 얘기를 듣는다면 어떨지 생각해야 한
다. 무엇을 할 수 있는지 없는지는 누구든 스스로 선택해야
한다고 생각한다.

남자아이들의 발언

• 남자들은 축구에 기술과 스피드를 갖고 있다.

• 남자들은 여자들보다 강하다. 남자들과 여자들은 춤을 잘
춘다.

• 왜 남자애들은 여자애들의 스포츠를 하지 않지?

• 여자애들은 강하기 때문에 축구를 할 수 있다.

• 여자들은 남자들보다 수영을 더 좋아한다. 왜냐면 여자들은
더 강해지기를 원하지 않으니까. 물론 그들은 남자애들처럼
건강하기를 원한다.

5학년 탐구에서 만들어진 질문의 예들

• 왜 여자들은 남자들만큼 텔레비전에 등장하지 않을까?

• 왜 여자 체육인들에 대해서는 거의 들을 수 없지?

• 왜 사람들은 스포츠에서 여자보다 남자가 더 잘하고 강하다
고 생각할까?

• 왜 남자를 위한 스포츠, 여자를 위한 스포츠, 모두를 위한
스포츠가 있을 수 없지? (선택된 질문)

• 왜 다른 젠더들이 우리가 어떤 운동을 하는지에 영향을 미
쳐야 하지?

남자아이들의 발언

• 젠더와 상관없이 스포츠를 더 잘하려면 연습을 해야 해.

• 텔레비전에서 여자 럭비가 더 많이 나온다면, 더 많은 여자
가 럭비를 하고 싶어 할지 몰라.

• 나는 반대야. 어떤 스포츠, 예를 들어 수중발레는 소녀들을
위한 거라고 생각해. 축구는 소년들을 위한 스포츠고.

여자아이들의 발언

• 어떤 사람들은 생활 전반에서 여자애들이 남자애들보다 더
잘한다고 생각하거나 아니면 남자애들이 여자애들보다 더
낫다고 생각해. 스포츠에서도 마찬가지야.

정체성, 몸 이미지와의 관련성

개요와 목적 9세에서 11세 학생들을 대상으로 한 신체상과 관계
에 대한 세 차례 수업

교과과정 연계 PSHE, RSE, 미술, 영어

1차시: 나는 누구?

목적 각자의 정체성에 대해 생각 시작하기

교재 생각을 위한 자극물로서 정체성에 관한 영상물

'데프 포에트리Def poetry'-www.youtube.com/watch?v=
VuAbGJBvIVY

'지금까지To this day'-www.youtube.com/watch?v=ltun92
DfnPY(욕설이 나오는 앞 5분을 건너뛰고 시작하라. 자살과 약물에
관한 발언을 주의할 것.)[68]

'머리카락이 다는 아니야I am not my hair'-www.youtube.com/
watch?v=0t9E_7Qk7os

거울, 피카소 작품 같은 추상적인 인물화, 미술 작품들

과정 앞의 유튜브 클립을 공유해 주제를 소개한다.
• 짝을 이뤄 토론한 다음 반 전체가 토론한다. 이 노래와 시들

이 공통적으로 담고 있는 것은 무엇인가? 어떤 핵심 메시지를 파악했는가? 이 노래와 시들은 신체상에 대해 무엇을 말하고 있나?

• 거울을 나눠준다. 학생들에게 자신이 보고 있는 것에 대해 마음속으로 조용히 생각해보게 한다. 자신이 어떻게 보이는가? 무엇을 잘 하는가? 사람들에게 어떻게 알려져 있나? 내가 진짜 누구이며 장래에 무엇이 되고 싶어 하는지 생각하게 하라. 학생들이 원한다면 그들의 생각을 옆 사람과 공유하도록 한다.

• 다양한 추상적인 인물화, 아이들이 그린 인물화를 보여준다. 그림의 어떤 점이 특이한가? 학생들이 자신의 생각을 반 전체에 피드백하게 한다. 학생들에게 자신이 생각하는 스스로의 모습을 그려보게 한다. 좋아하는 면과 좋아하지 않는 면을 포함해서 피카소 같은 스타일로 그린다. 이 자화상은 단지 학생들과 비슷한 모습이 아니라 그들을 대변해주는 것이다.

2차시: 건강한 관계와 그렇지 못한 관계

목적 무엇이 건강한 관계를 만드는지, 어떻게 건강하지 못한 관계가 되는지 알기

교재 여러 종류의 관계와 가족을 보여주는 이미지들, 스티커 메모지, 가정폭력 캠페인에서 구한 결혼사진[69]

과정

1. 관계에 대해 토론할 것이라고 설명한다. 어떤 다양한 관계가 존재하는지 묻는다. '표준적인' 관계와 가족들, '표준에서 벗어난' 관계와 가족들의 이미지를 보여준다. 어떤 것이 '정상'인가 토론하고 피드백한다.

2. 무엇이 '정상적'이고 안정된 관계를 만든다고 생각하는가? 짝을 이뤄 건강한 관계와 그렇지 못한 관계의 시나리오를 구분해보고 피드백한다. '건강하지 못한' 관계에서 벌어지는 모든 일이 우리가 정상이 아니라고 생각하는 가족에서 일어나는가? 우리 생각이 변화했는지, 어떻게 변화했는지 토론한다.

3. 모둠별로 접착식 메모지에 건강한 관계의 덕목을 쓴다. 다이아몬드 모양으로 중요도에 따라 덕목들을 정렬해서 각 모둠의 논리를 나머지 학생들과 공유하게 한다. 건강한 관계를 위해 나는 얼마나 많이 변해야 하는지, 또는 변할 필요가 없는지 토론한다.

4. 토론한 내용과 학생들이 찾은 관계의 덕목들에 대해 생각하면서 20분 동안 완전한 관계에 대해 각자의 노트에 쓴다. 만약 남성/여성 관계에 대해 말하는 것이 불편하다면 다른 관계에 대해 다뤄도 된다고 말해준다.

5. 전체 토론: 가정폭력 캠페인에서 구한 결혼사진의 앞면과 뒷면을 학생들에게 보여준다. 이것은 '정상적'이거나 건강한 관계인가? 이것이 우리에게 가르쳐주는 것은 무엇인가? 무엇이 '정상적'인지 안다고 생각하는 사람에게 어떤 말을 해줄 수

있을까?

목적 다양한 원인, 다양한 사람들로부터 위험하고 건강하지 못한 행동 방식이 유발된다는 것을 알기.

교재 잡지 앞표지, A₃ 용지, 포토샵 사진들, 도브Dove 의 '진화 Evolution' 영상 클립[70]

과정

1. 다양한 잡지 앞표지를 본다. 어떤 메시지를 준다고 생각하는지 짝을 이뤄 토론한다. 편안하고 자신 있게 토론할 수 있도록 성별에 따라 모둠을 나누어 진행한다.

2. A₃ 용지에 몸의 윤곽을 그린다. 각 모둠은 그들이 생각하기에 '완벽'해지는데 중요한 몸의 부위들을 표시한다(예를 들어 가지런한 치아, 작은 귀). 다른 젠더 아이들이 알 수 있도록 반 전체에 피드백한다.

3. 학생들에게 포토샵으로 수정한 사진들을 보여준다. 어떤 것이 실제 사람인지 확인한다. 잡지는 왜 사람의 몸을 바꾼다고 생각하는가? '포토샵하기 전'의 사진에 잘못된 것이 있다고 생각하는가?

4. '도브의 진화' 영상 클립을 틀어준다. 학생들은 어떤 생각을

하는가? 다음 질문들에 대해 토론한다. 무엇이 몸의 이미지에 영향을 미치는가? 사람들은 무엇이 아름답다고 생각하는가? 왜 미디어는 '아름다운' 사람들을 보여주나?

5. 학생들은 '철학수첩'에 아래 문장들을 완성한다.

  • 나는 미디어가 사람들의 신체상에 영향을 (준다/안 준다)고 생각한다. 왜냐하면….

  • 이 수업을 시작할 때 몰랐던, 내가 깨달은 한 가지는….

  • 미디어가 신체상 같은 것을 다루는 방식에 대해 달라진 내 생각 하나는….

폭력과 편견[71](수 라일SEU LYLE)

개요와 목적 열 살 이상 학생들을 대상으로 폭력과 편견을 주제로 한 다섯 차례 수업. 가치에 대한 토론을 권장하고 젊은이들 사이에 존중의 원칙과 활발한 참여를 촉진하려는 취지

교과과정 연계 PSHE, RSE, 영어

관련 있고 흥미로운 주제 찾기 아래 리스트에서 주제를 고른다. 교사들의 시범 모둠에서 특별히 소녀들과 젊은 여성들에게 영향을 주는 것으로 찾아낸 것이다.

'소녀답게 꾸미기girlification', 여자아이들의 성애화, 성취에 대한

강한 압박, 계급 차별, 완벽한 몸을 위한 연구, 다이어트, 소녀와 여자들을 겨냥한 폭력.

젊은이들은 사회적, 문화적, 경제적, 역사적 환경에 따라, 다른 '현실'을 경험한다. 그들은 다른 환경에서 살고, 부에 대한 접근이 다르고, 다른 유형의 가족과 살고, 어떤 이들은 소수 민족 혈통이며 어떤 이들은 장애가 있다. 이런 모든 요소는 그들이 이미지에 어떻게 반응하는가에 영향을 줄 것이다. 또한 젊은이들은 다른 성정체성, 다른 종교적 신념을 갖고 있을 테고 이 역시 그들의 생각에 영향을 미칠 것이다. 이런 다양성 때문에 수 라일은 교사들이 함께 공부하는 학생들에게 가장 유용할 것이라고 생각하는 이미지를 선택하도록 재량에 맡겼다.

인터넷 이미지 검색은 일반적으로 좋은 출발점이다. 핵심 검색어는 아래와 같은 것이 포함된다.

- '소녀와 분홍색 장난감Girls and pink toys'-'소녀답게 꾸미기'를 토론할 때 활용한다('소녀들의 장난감'을 검색하면 분홍색에 반짝이는 것들이 엄청나게 나온다).
- '성애화Sexualisation' 또는 '아이들의 성애화sexualisation of children'-어린 아이들이 10대처럼 보이는 옷을 입었거나 도발적인 자세를 취한 이미지들을 불러온다.
- '성차별 광고Sexist adverts'-대상화된 여성들의 이미지를 불러올 것인데 그 중에는 합법적인 광고와 홍보물이 많을 것이다.
- '소녀들을 겨냥한 폭력Violence against girls'이나 '여자들을 겨냥

한 폭력Violence against women'-캠페인 포스터와 사진을 보여줄 것이다. 이 문제를 부각하기 위해 만들어진 캠페인 포스터와 사진들을 보여줄 것이다('남성을 겨냥한 폭력violence against men' 도 흥미로운 이미지들을 보여줄 수 있다).

- '여자는 ~해야 한다Women should'-인터넷 이미지 검색창에 이 말을 입력하면 흥미로운 캠페인 사진들이 뜨는데, '여자는 ~ 해야 한다', '여자는 ~해서는 안 된다', '여자는 ~할 수 없다' 등으로 시작하는 말을 인기 검색어로 묘사한 것이다. 대부분 이런 현실을 비판하는 내용이다.

- '성공한 소녀들High achieving girls' 또는 '성공한 여자들high achieving women'-전자는 좋은 점수를 받은 소녀들, 졸업 가운을 입고 학사모를 쓴 소녀들, 프로젝트에 참여하는 소녀들 같은 이미지를 보여준다. 반면에 후자는 일반적으로 전문직 여성들의 이미지를 보여준다.

- '젠더Gender'-많은 카툰이 나오는데, 대부분 인종주의적 스테레오타입과 트랜스젠더 문제에 관해 언급하는 것이다.

- '거식증Anorexia', '다이어트dieting', '이형증body dysmorphia', '완벽한 몸매perfect shape', '불안insecurity' 등-이 주제와 관련해 선택된 많은 이미지를 불러온다.

- '남자/여자에 대한 성차별Sexism against men/women', '혐오 misogyny', '남성/여성 고정관념male/female stereotype'-남성과 여성에 대한 성차별주의에 관련된 흥미로운 이미지, 카툰, 밈을 보여줄 것이다.

- '가난한poor', '빈곤한disadvantaged', '홈리스homeless', '직업 없는no job', '거리streets' 등과 결합한 '젊은이/십대/어린이young people/teens/children'-거리의 십대, 음주, 반달리즘(문화나 예술을 파괴하려는 경향), 10대 엄마, 직업센터에서 대기하는 젊은이, 빈곤한 생활 형편 등의 이미지를 불러온다.

30명 학급에는 적어도 열다섯 개의 이미지가 필요하다.

1차시 : 연결 짓기

목적 모둠에 이미지 소개하기. 서로의 생각을 듣고 연결하기.

교재 인터넷에서 다운받아 출력한 이미지들, 이미지들 주위에 표시를 할 수 있도록 A₃ 용지 가운데 이미지 하나씩을 올려두기.

과정

1. 이미지들을 펼쳐 놓는다. 학생들에게 흥미롭거나 궁금한 것 하나를 고르게 한다. 학생들은 관심 있는 이미지에 표시한다.
2. 학생들에게 자신이 고른 이미지 주위에 함께 서게 하고 그것을 고른 이유를 공유하게 한다.
3. 같은 이미지를 고른 아이들이 나머지 아이들에게 자신들의 토론에 대해 개략적으로 설명하게 한다. 그들은 각자의 생각에서 비슷한 점과 다른 점을 발견했는가?

목적 학생들이 이미지에 관해 질문하는 것을 익숙해지도록 하기. 의견과 개념에 대한 토론을 이끌어내는 데 어떤 질문이 유용한지 알게 하기.

교재 세 명으로 이뤄진 모둠에 하나씩 돌아갈 만큼 충분한 이미지. 질문을 만들기 위한 단어들. 예를 들면 무엇을, 어디서, 언제, 왜, 어떻게, 누가, 해도 된다, 해야 한다, 할 것이다. ~이다, ~할 수 있다, ~한다, 만약에 ~ 등등.

과정

1. 세 명으로 이뤄진 각 모둠에 무작위로 이미지 하나씩을 나눠준다. 각 모둠에 물음표 세 개를 준다. 각 모둠이 받은 물음표를 가지고 이미지마다 적어도 하나의 질문을 만들어내게 한다.

2. 각 모둠이 그들의 이미지를 보여주고 질문 중 하나를 소리 내어 읽게 한다. 그것이 어떤 질문인지 반 전체에 묻는다. 닫힌 질문인가, 열린 질문인가, 생각하게 하는 질문인가?

   • 닫힌 질문은 그림에서 나올 수 있는 정답이 하나뿐이거나 추가 조사를 필요로 할 것이다.

   • 열린 질문은 추론적이며 가설적이다.–답을 구하기 위한 상상력을 요구한다. 이런 질문은 학생들이 이미지에 대해 갖

고 있는 통념을 드러낸다.

- 생각하게 하는 질문은 개념에 대한 탐구를 불러온다. 특히 도덕적 개념을 가리키는 '해야 한다should'의 사용에 있어서 그렇다. 이런 질문은 이미지에 묘사된 문제를 볼 때 특별히 중요하다.

3. 어떤 의문사가 가장 흥미로운 질문을 만들어냈는지, 왜 그런지에 대해 학생들에게 물어본다.

4. 각자의 모둠으로 돌아가서 그들의 이미지에 대해 '해야 한다'로 의문문을 만들게 하고, 그것을 크게 읽도록 한다. 대부분의 '해야 한다'로 만든 의문문이 갖고 있는 도덕적 요소들을 지적한다. 즉 이미지가 제기한 문제들이 윤리적 함의를 갖고 있다는 점을 강조한다.

3차시: 가장 아이다운 것/가장 아이답지 않은 것

목적 이미지를 활용해 아이답다는 것이 무슨 의미인지에 관한 학생들의 생각을 개발.

교재 아이들과 젊은이들을 묘사한 이미지들.

과정

1단계

1. 본 활동을 위한 준비 단계로, 짝을 이뤄 아래 질문을 생각해 본다.
   - 당신은 몇 살인가?
   - 어른이 되는 것은 몇 살부터인가?
   - 어른이 된다는 것은 어떤 의미인가?
2. 다양한 의견을 볼 수 있도록 학생들에게 자신의 대답을 적어도 두 명에게 피드백하게 한다.

2단계

3. 학생들이 짝을 이뤄 작업할 수 있을 만큼 충분한 이미지가 있어야 한다. 무작위로 그림을 나눠준다.
4. 줄넘기 줄을 이용해서 개념의 선을 설치한다. 한쪽 끝은 '가장 아이다운 것', 다른 한쪽 끝은 '가장 아이답지 않은 것Least like a child'이라고 표시한다.
5. 짝을 이룬 아이들에게 줄의 어디에 자신의 그림을 둘지 결정하게 한다. 그런 다음 반 전체가 '가장 아이다운 것'과 '가장 아이답지 않은 것' 사이에 있는 모든 그림의 순서를 매기는 협상을 한다. 아이들이 그림을 어디에 놓을지에 대해 주장하게 하고, 친구들이 제시한 이유를 듣고 마음을 바꿀 수 있도록 한다. 정답과 오답이 없지만 자신들의 관점을 합당한 이유로 뒷받침할 수 있어야만 한다는 점을 강조하라.

목적   오늘날 젊은이들의 지위에 관한 최근 조사에 대해 생각해 보기.

교재   조사한 정보가 인쇄된 카드 묶음(224쪽 '조사 정보 카드 Research Information for Cards'를 보라). 각 카드에 하나씩 중요 항목 표시를 한다.

과정

1. 학생들은 두 명 또는 세 명이 한 모둠이 되어 수행한다. 각 모둠에 조사 정보 카드 묶음을 주고 어떤 그림에 정보를 놓을지 결정하게 한다. 모두 같은 그림 위에 같은 카드를 두는가? (여기에는 정답이 없다.) 학생들은 그림 선택에 대해 타당성을 주장해야 한다.
2. 그림에 조사 정보를 놓으면, 학생들이 네 명 또는 다섯 명으로 작업하도록 한다. 그리고 그림 하나와 조사 정보를 골라서 보이도록 한다. 그들에게 오늘날 젊은이에 대한 조사 정보의 함의가 무엇인지 생각해보게 한다. 모든 카드를 다 이용하고 싶지 않다면, 목표에 맞게 선택하면 된다.

조사 정보 카드RESEARCH INFORMATION FOR CARDS

- 다섯 살 정도의 여자아이들이 몸무게를 걱정하고 있다.
- 여자아이 2분의 1 , 남자아이 3분의 1 가까이가 살을 빼기 위해 다이어트를 한 적이 있다.
- 7세에서 10세 여자아이의 17%가 살을 빼야한다고 느꼈으며 이 비율은 11세에서 16세에서는 54%, 17세에서 21세에서는 66%로 높아졌다.
- 2011년, 7세에서 21세 여자아이 73%가 그들의 외모에 만족했으나, 2017년에는 61%로 줄었다.
- 16세에서 18세까지 남녀 71%가 학교에서 매일, 또는 일주일에 몇 번씩 여자아이들을 향해 '창녀'와 같은 성적 욕설을 듣는다고 말한다.
- 7세에서 12세 여자아이 22%가 남자아이로부터 성적 농담을 경험했다. 12%는 여자아이와 여자에 관한 저속한 사진이나 낙서를 보았다. 10%는 원치 않는 접촉을 경험했다.
- 2017년 영국에서 전일제로 일하는 여자들은 남자들보다 임금을 13.9% 적게 받는다.
- 남자 63%가 그들의 팔과 가슴 근육이 충분하지 않다고 생각한다.

목적 3차시에서 사용한 이미지들 중 하나를 골라 자신만의 질문을 만들어내게 한다.

교재 모든 이미지 전시. 반드시 번호를 매길 것.

과정

1단계 : 그림 고르기

학생들에게 이미지를 보여주고 각자 좀 더 질문하고 싶은 것 하나를 골라 번호를 적게 한다. 같은 그림을 고른 학생들이 있는지 확인해서 짝으로 묶는다. 나머지 학생들을 짝으로 묶는다. 짝을 이뤄 선택한 그림에 대해 토론하거나 선택한 그림에 대한 질문을 만들고 싶은 이유를 말하게 한다. 짝을 이룬 둘의 그림이 동일하지 않은 경우는 하나만 고르게 한다. (학생들이 원한다면 그림을 바꿀 수 있다.)

2단계 : 질문 만들기

두 짝을 합쳐서 네 명의 모둠을 만든다. 그들이 선택한 두 개의 그림에 대해 토론하게 하고 좀 더 토론하고 싶은 그림 하나를 다시 선택하게 한다.

각 모둠에게 그들이 고른 그림을 가져가게 한다(각 모둠은 다른 모둠이 고른 그림과 같은 것을 선택할 수 있으므로 사본이 필요하다). 용지 중앙에 그림 제목을 쓰게 한다. 그림에 대해 가능한 많은 질문을 브레인스토밍하게 한다.

3단계 : 질문 분류하기

그림과 질문 세트를 시계 방향으로 다른 모둠에 넘긴다. 그림과 만들어진 질문을 새로운 모둠이 보게 하고 아래 기준에 따라 질문을 분류하게 한다.

- 닫힌 질문 – 단 하나의 정답만 구할 수 있는가?
- 열린 질문 – 다양한 답이 있을 수 있는가?
- 생각하게 하는 질문 – 개념에 관한 질문인가? 예를 들어 '정의 – 누구에게, 무엇이 정당한가?', 또는 윤리의 문제인가? 예를 들어 ~해야 한다.

닫힌 질문 옆에는 체크 표시, 열린 질문 옆에는 스마일 표시를 하게 한다. 생각하게 하는 질문 옆에는 스마일 표시를 하고 그 위에 물음표를 붙이게 한다.

질문에 대해 토론한다. 생각하게 하는 질문을 갖고 있는 모둠은 그에 대해 리포트를 쓰게 한다. 왜 그것이 생각하는 질문인가?

4단계 : 동심원

'생각하게 하는 질문'의 질을 검증하기 위해, 학생들에게 두 개의

원을 만들게 한다. 안쪽 원 하나와 바깥쪽 원 하나를 만들고 안쪽 원에 있는 학생은 바깥 원의 학생과 얼굴을 마주보도록 돌아선다 (학생들이 짝수가 아니라면, 세 명으로 이루어진 모둠 하나를 만든다).

학생들이 만든 '생각하게 하는 질문'을 차례로 가져와서 아이들이 각 질문에 관련된 그림을 볼 수 있게 한다(그림은 화이트보드에 진열해두어도 된다). 질문을 소리 내어 읽고 짝을 이룬 학생들이 질문에 답하도록 1분에서 2분 정도의 시간을 준다. '그만'을 부르고 원 안에 있는 학생들에게 왼쪽으로 한 칸 움직이게 한다. 그들은 각각 새로운 파트너를 맞게 된다. 다음의 '생각하게 하는 질문'을 소리 내어 읽고 그들에게 짝을 이뤄 토론할 수 있도록 다시 1분에서 2분 정도의 시간을 준다. 각 모둠에서 나온 '생각하게 하는 질문'이 적어도 하나는 토론될 때까지 반복한다.

5단계 : 질문 고르고 토론하기

학생들이 토론한 질문 각각을 A$_4$ 용지에 써서 모두가 볼 수 있게 둔다.

모든 질문을 차례로 한 번씩 읽는다. 그런 다음 학생들에게 반 전체가 토론하고 싶은 질문 하나에 투표할 것이라고 설명한다. 비밀투표가 되어야 한다. 학생들이 동시에 눈을 감게 한다. 각 질문을 소리 내어 읽어주고 손을 들어 투표하게 한다.

질문이 선택되면 반 전체가 P4C를 활용해 토론한다.

실천 활동

여기서 소개하는 방안을 활용해 젠더 의제를 발굴한 경험은 학생들이 변화를 위한 방법을 찾는 데 동기부여가 될 것이다. 젠더 존중 프로젝트는 학생들이 관심 있는 의제에 대해 무엇인가 행동할 수 있는 기회를 얻지 못하면, 무력감을 가질 수 있음을 확인했다. 일부 내용은 프로젝트 기간 동안 아이들이 학교에서 변화를 이루도록 지원하는 교안과 교재를 설명할 것이다. 학생 스스로 관심과 열정에서 행동이 우러나오고, 이를 실행할 수 있도록 어른들이 지원하는 것이 진정한 학생 참여에 있어서 중요하다. 로저 하트 Roger Hart의 '참여 사다리Ladder of Participation'는 이 견해를 묘사한다. 하트에 따르면 사다리의 맨 아래 세 단계는 참여로 볼 수 없다. 참여가 실제로 시작되는 것은 4단계다. 젠더 존중 프로젝트에서 우리는 7단계와 8단계 사이 수준의 참여를 목표로 했다. 이 단계에서 아이들과 젊은이들은 토론하고 행동하도록 어른들의 지원을 받는다.

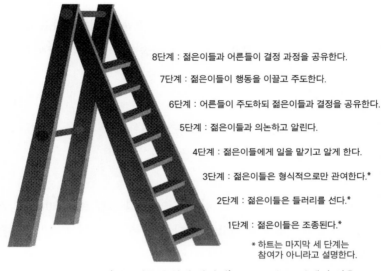

8단계 : 젊은이들과 어른들이 결정 과정을 공유한다.

7단계 : 젊은이들이 행동을 이끌고 주도한다.

6단계 : 어른들이 주도하되 젊은이들과 결정을 공유한다.

5단계 : 젊은이들과 의논하고 알린다.

4단계 : 젊은이들에게 일을 맡기고 알게 한다.

3단계 : 젊은이들은 형식적으로만 관여한다.*

2단계 : 젊은이들은 들러리를 선다.*

1단계 : 젊은이들은 조종된다.*

* 하트는 마지막 세 단계는
참여가 아니라고 설명한다.

그림5 로저 하트의 '젊은이들의 참여 사다리' R. Hart(1992)에서 인용

학생 회의

젠더 존중 프로젝트의 마지막 해 몇 달 간 우리는 프로젝트 참여 학교에서 온 열성적인 초등, 중등 학생들과 이틀짜리 워크숍을 몇 차례 했다. 초등 워크숍 첫 번째 토론에서 학생들에게 직업, 감정, 스포츠에 관련된 일련의 이미지와 문장을 보여주었는데, 젠더 고정관념에 따른 것과 그렇지 않은 것들이었다. 학생들에게 관심 가는 하나를 고르도록 했고, 군대 내 여성, 보이 댄싱, 축구 하는 남자와 여자, 소년들이 우는 것에 대해 훌륭한 토론이 이뤄졌

다. '너는 소녀처럼 던진다'는 문장도 관심을 끌었는데, 한 남자아이가 이 말은 소녀들이 아주 잘 던지기 때문에 칭찬이라고 주장했기 때문이다. 토론 후 학생들은 아래 서술을 놓고 양쪽 끝이 '찬성'과 '반대'인 줄에 섰다.

> 남자아이들은 춤추는 것을 쑥스러워한다.
> 남자아이들은 모두 DIY를 잘 한다.[72]

춤에 대한 흥미로운 젠더 간 균열이 있었는데, 남자아이들은 춤추는 것이 쑥스럽지 않다고 말했다. DIY에 관한 일반적인 느낌은 어떤 남자아이들은 잘 하지만 일부는 꼭 그렇지 않다는 것이었다.

다음으로 이 그룹은 소년, 소녀 양쪽에게 좋은 점이 무엇인지를 생각했다. 다음은 그들 생각의 일부이다.

> 소녀들 : 춤, 말쑥함, 울어도 괜찮다, 바지와 치마를 입을 수 있다.
> 소년들 : 솔직한, 자신 있는, 말쑥함, 춤, 괴짜, 운동, 수학
> 모두 : 길고 짧은 머리, 운동 능력, 합리적, 화장

그 다음 소년/소녀다운 것에 대한 압박과 어려움을 토론하고, 그것을 접착 메모지에 써서 몸의 모양을 그린 것 주위에 붙였다. 아래와 같은 내용이 포함됐다.

남자애들이 춤을 추면 놀림 받는다.

여자애들이 남자애들만큼 잘하지 못하기 때문에 축구 하기가 더 힘들다.

같은 일에 있어 여자애들은 정당한 금액의 돈을 받아야 한다.

어떤 남자애들은 자신이 누구보다 우월하다고 생각한다.

남자애들은 다른 사람 앞에서 울기 어렵다는 사실을 깨닫는다.

어떤 나라에서는 남자애들만 학교에 가고 여자애들은 집에서 일을 해야 한다.

학생들은 가장 중요한 것에서부터 가장 덜 중요한 것까지 다이아몬드 모양으로 압박의 순위를 매겼다.

이런 생각들을 활용해 학생들은 학교에서 필요한 행동 계획을 학교와 함께 만들었다. 두 그룹은 연극을 만들어 공연하기 원했는데 이를 통해 학생들이 서로 존중하도록 하고 괴롭힘에 이의를 제기하려는 것이었다. 세 번째 그룹은 더 많은 남자아이가 춤을 춰보도록 격려하기 위해 춤 대회를 조직하기 원했다.

젠더 존중 프로젝트 교사 스티븐의 사례 설명

우리 초등학교에서 학생회의에 참석했던 네 명의 학교위원회 멤버들은 반즐리로 오는 기차에서 부산스러웠다. 나는 이것이 그저 만족감인지 변화를 가져오려는 지속적인 열망인지 확신할 수 없었다. 그 다음 주 화요일까지 아이들은 목록을 완성해 보육교사실 문을 두드렸다(스티븐은 보육교사다).[73] 그들은 프레젠테이션을 시작했고, 학교 주변에 붙일 포스터도 만들었으며, 리플릿 작업 중이라면서 교장 선생님이 학교 전체 모임을 열어주는 일이 필요하다고 부탁했다.

교장 선생님은 매우 기뻐했고 아이들의 열정을 놀라워했다. 그는 아이들이 일을 해나갈 수 있도록 즉시 모임 날짜를 잡아주었다. 지역 라디오 방송 Dearne FM은 다음날 학교에 와서 아이들이 얼마나 '젠더 존중' 문제를 말하고 싶어 하는지 뉴스로 다뤘다.

전체 모임이 열리는 날 아이들은 매우 능숙하게 학교의 나머지 구성원들에게 메시지를 전했고, 자신감에 넘쳤으며, 한 팀이 되어 야무지게 일했다. 나는 코스튬 플레이 축제나 모금행사 때보다도 더 많이 '학생의 목소리'가 토론되고 있다는 사실, 아이들이 자신의 느낌과 열망에 대해 목소리를 냄으로써 공동체를 지원하고 있다는 사실에 무척 기뻤다. 함께 활동한 지 여러 날이 지났을 때, 점심시간 모임에 남자아이들이 나타나지 않는 일이 생겼다. 여자아이들은 남자아이들이 밖에 나가 놀고 싶어 해서 그렇게 하게 놔두었다고 말했다. 사실 남자아이들은 여자아이들에게 쓰고 디자인하는 일을 맡겼고 그 덕분에 밖에 나가 놀 수 있었다. 그러면서도 남자아이들은 결정을 내릴 때는 여전히 권한을 요구했다.

이것은 토론을 불러일으켰고 나는 아이들에게 우리 모두가 책임을 공유해 함께 일하고 있다는 점을 상기시켰다. 누구도 빠질 수 없고 각자 할 말이 있을 것이다. 아이들은 이 말을 이해했고 밖에 나가 놀고 싶은 마음을 참는 것도 팀워크의 한 부분임을 깨달았다. 아이들은 일주일에 한 번 점심시간에 모이기로 했다. 이들은 여전히 '젠더 존중' 문제에 열정을 갖고 있고 나는 학교 전체에 그 영향을 미치기를 기대하고 있다.

두 번째 회의에서 학생들은 그들이 취했던 행동들에 대해 전체 그룹에서 보고했다. 여기에 한 학교에서 열린 소년 춤 대회 슬라이드 쇼가 포함됐다.[74] 이 초등학교 학생들은 그 다음에 교사들이 학교에서 맞닥뜨릴 수 있는 젠더에 기반한 시나리오를 둘러싼 문제를 해결하는 데 협력했다.

- 당신은 여자아이 두 명, 남자아이 두 명과 함께 모둠을 이뤄 작업하고 있다. 남자아이들이 결정을 내리고 대화를 지배하면서 지도적인 위치를 유지한다. 당신은 무엇을 하는가?
- 당신은 게임과 파워포인트 프레젠테이션을 만드는 것을 즐기는 소녀다. 어느 점심시간에 당신이 무언가 작업하고 있을 때 남자아이가 다가와 그저 어떻게 하는지 보여주려는 것이라고 말하면서 당신의 컴퓨터를 가져간다. 당신은 무엇

을 하나?

- 당신은 소년이다. 친구가 당신의 팔을 치면서 너는 달리기를 잘하지 못 한다고 말했다. 당신은 울기 시작한다. 또 다른 친구가 다가온다. 다음에 무슨 일이 일어날까?

학생들에게 이런 시나리오를 주고 다음에 무엇을 할지 보여주는 드라마 한 편을 창작해보게 했다. 이런 상황의 경험과 이럴 때 어떻게 했는지에 대한 흥미진진한 토론은 철학적 탐구에서 개발하는 질문들로 이어졌다.

- 왜 파란색은 남자아이의 색깔로, 분홍색은 여자아이의 색깔로 생각할까?
- 감정을 표현하는 데 있어서 남자아이들과 여자아이들은 동등하게 다뤄지는가?
- 왜 때때로 남자아이와 여자아이는 친구가 되기 힘든가?
- 남자아이들은 자신들의 주장을 펴기 위해 더 크게 말하나?
- 왜 종종 사람들은 다른 젠더의 일을 한다는 이유로 놀림을 받을까?

학생들이 선택한 질문: '왜 때때로 남자아이와 여자아이는 친구가 되기 어려운가?' 학생들은 종종 반대되는 젠더의 누군가와 노는 것에 대해 놀림을 받았고, '반했다'는 말을 들을 수도 있다고 말했다. 학생들은 이것이 정당하지 않으며, 누구든 젠더와 상관없이 원하는 사람과 함께 놀 수 있어야 한다고 느꼈다. 그들은 자신들이 학교에서 이런 일에 대해 더 잘 알 수 있고, 누군가 놀리는 것을 듣는다면 이의를 제기할 것이라고 생각했다.

이 그룹은 두 번째 워크숍에서, 한 학교의 학생 모둠의 경험에 기반해 '젠더 존중' 특사로서 학생들의 역할을 생각했다. 아이들은 특사가 할 수 있는 일을 이렇게 설정했다.

- 젠더 불평등에 도전하기
- 젠더 관련 논쟁 중재하기
- 젠더 존중에 대한 사람들의 이해를 돕기 위해 워크숍 개최하기
- 관심을 높이기 위한 자료 만들기-포스터, 노래, 파워포인트 프레젠테이션

아이들은 특사를 위한 비전도 만들었다.

- 우리는 무례한 사람들에게 이의를 제기할 것이다.
- 모든 젠더는 서로 행복하게 놀 것이다.
- 우리는 동등하게 참여할 것이다.
- 우리는 서로를 존중하며 경청할 것이다.
- 우리는 우리의 환경과 교재에 젠더 존중을 반영하게 할 것이다.

젠더와 스포츠 관련 실천을 위한 3학년 학급의 아이디어

학생들은 젠더와 스포츠에 관해 아래와 같은 실천 방안을 제안했다. 여자아이들과 남자아이들이 원하는 스포츠는 무엇이든 할 수 있다고 고무하려는 목적이다.

- 젠더 문제를 토론하면서 더 어린아이들에게 스포츠 가르쳐 주기.
- 점심시간 스포츠 모임.
- 방과 후 모임.
- 노래 가사/시를 써서 아이들이 누구나 모든 스포츠를 하도록 격려하기 - 모임에서 발표.
- 학교 주변에 메시지를 담은 포스터 붙이기.
- 모여서 포스터 읽기.
- 다양한 스포츠 사진을 갖고 학교를 돌면서 (스포츠의) 규칙과 내용 알리기.
- 메시지를 담은 아크로스틱acrostic 시 짓기.
- 웹사이트 만들기.

메시지를 담은 포스터는 KS2 과정에 갓 들어선 3학년의 소모임 아이들이 아이디어를 내고 만들었다.

3학년이 개발하는 포스터의 성공 기준
- 제목.

- 그림-컴퓨터 또는 손으로 제작.
- 슬로건.
- 다른 사람들에게 친절하라는 메시지.
- '한번 해보라'고 격려하는 메시지 = 다른 스포츠를 해보라.
- 스포츠에 관한 정보/사실.
- 전설적인 스포츠 인물에 대한 정보/이미지.
- 이해하기 쉬울 것.
- 펄럭이거나 입체적일 것.
- 우리의 가치: 협동, 책임, 팀워크, 사려 깊음, 존중.

메시지 사례

- 놀리지 마세요.
- 남자아이가 체조를 하고 싶은 건 부끄러운 일이 아니에요.
- 당신과 다른 스포츠를 하는 사람을 놀리지 마세요.
- 당신에겐 당신이 선택한 스포츠를 할 권리가 있어요.
- 그 사람이 하는 스포츠로 사람을 판단하지 마세요.
- 누구나 하고 싶은 스포츠를 할 수 있어요.
- 스포츠에서 여자아이와 남자아이를 공평하게 대하세요.
- 여자아이들과 남자아이들을 함께 어울리게 하세요.

화가가 방문해 교사와 학생 모둠을 지원했는데, 파울 클레Paul Klee, 앙리 마티스Henri Matisse, 앤디 워홀Andy Warhol, 브리짓 라일리 Bridget Riley의 다양한 작품을 통해 학생들에게 영감을 주었다. 학생

들은 어떻게 다양한 효과를 만들어낼지, 어떤 젠더의 인물을 그릴
지 또는 비젠더적 인물을 그릴지, 어떤 메시지를 담을 것인지 토론
했다.

여기 학생들이 개발한 포스터들이 있다.

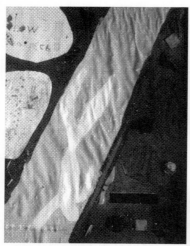

3학년 메시지: 존중을 보이세요.

4학년 메시지: 당신에겐 당신이 선택한 스
포츠를 할 권리가 있어요.

5학년 메시지: 다른 젠더가 주로 하는 운동
을 하는 것을 두려워 마세요. 설령 사람들
이 비웃는다고 해도.

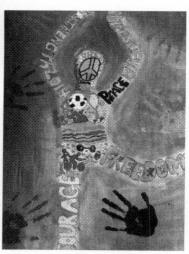

6학년. 메시지: 평화, 용기, 자유, 신뢰와 강
인함 같은 말들.

이 학생들은 포스터를 운동회 직전, 학교 전체 모임에서 보여주었다. 그들은 왜 이런 포스터를 제작했는지, 자신들이 고른 메시지가 무엇인지 설명했다. 이 포스터들은 모든 학생이 볼 수 있도록 복도에 전시되었다.

학생들이 포스터를 제작하는 동안, 담임교사는 다양한 스포츠를 하는 소년과 소녀를 어떻게 생각하는지, 이 포스터가 효과가 있다고 생각하는지에 대해 다른 학생들과 대화했다. 여기서 나온 학생들의 몇 가지 의견을 소개한다.

젠더에 대한 태도

- 모든 스포츠는 누구에게나 열려있다.
- 다른 스포츠를 하는 사람을 비웃어서는 안 된다.
- 남자아이 또는 여자아이만을 위한 스포츠는 없다, 선택은 공평하다.
- 중학교에서는 더 이상 놀림이 없다. 더 성숙하고 현명해지기 때문이다.
- 우리는 많은 남자 축구선수의 이름을 알지만 여자 축구선수의 이름을 아는 사람은 없다. 이건 공정하지 않다.
- 젠더라는 것만 다를 뿐 이것은 인종차별과 같다.
- 사람들은 남자아이들이 축구를 하기 바란다.
- 남자애들은 여자애들보다 거칠다. 거칠게 구는 것이 진짜 강하게 보이게 한다. 어떤 여자애들도 거칠어지고 싶어 한다는 사실을 남자애들은 깨닫지 못한다.

- 축구는 언제나 인기 많은 스포츠였다. 사람들은 축구에 많은 돈을 지불하기 때문에 축구를 더 좋아한다.
- 많은 사람이 축구를 할 수 있다. 공 하나와 약간의 잔디밭만 있으면 되니까.
- 럭비클럽에 여자애 한 명이 있다. 다들 그 애를 똑같이 대하고 잘 어울린다.

포스터의 효과는?
- 때때로 남자아이가 '소녀들의' 스포츠를 하고 싶으면, 걱정을 하게 된다. 뭔가 달라질 필요가 있다. 이 포스터들은 놀림을 줄이는데 도움이 되는 좋은 아이디어다.
- 포스터를 만든 건 좋은 생각이다. 어떤 사람들은 남자애들이 발레를 할 것이라고 생각하지 않기 때문이다. 당신이 "소년들이 발레를 할 수 있을까요?"라고 물으면 사람들은 그렇다고 대답을 하겠지만 발레하는 남자애들을 생각하지는 않을 것이다.
- 우리가 할 수 있는 스포츠에 대해 사람들이 좀 더 많이 생각하는데 도움이 될 것 같다. 또 두 젠더가 어떤 스포츠라도 할 수 있다고 깨닫는데 도움이 될 것 같다.

3학년 학급이 시작할 때부터 이 프로젝트에 관여한 담임교사는 학생들이 포스터에서 어떤 인상을 받았는지, 포스터를 마음에 들어 했는지, 포스터가 효과가 있다고 생각했는지 알고 싶었다. 다음은 학생들의 몇 가지 의견이다.

젠더에 대한 태도

- 모든 여자아이, 남자아이가 원하는 것을 하게 놔둬야 한다.
- 누군가 하는 스포츠에 대해 놀리지 마라.

포스터의 효과는?

- 댄스 포스터가 좋았다. 남자아이가 춤추는 법을 보여주었기 때문이다.
- 효과적인 메시지이다.
- 화려해서 마음에 든다. 메시지를 눈에 잘 띄게 한다.
- 6학년 포스터가 많은 가치를 담고 있다. 그것들이 포스터를 훌륭하게 만든다.
- 남자아이든 여자아이든 원하는 스포츠를 할 수 있다는 걸 보여준다.
- 멋진 방법으로 분명한 메시지를 담았다.
- 아주 분명한 메시지를 담은 훌륭한 포스터라고 생각한다.
- 포스터에 메시지를 담는다는 생각이 마음에 든다.
- 놀림을 받더라도 꿋꿋하라고 말한 부분이 좋다.
- 포스터가 정말 좋았다. 체조하는 소녀가 아니라 운동하는 소녀 소년들이 있어야 했기 때문이다.
- 끝내주는 생각이다. 포스터들이 진짜 중요한 메시지를 분명하게 담았다.

• 사람들을 끌어당기는 메시지들이 진짜 마음에 든다.

10억 궐기

10억 궐기OBR, One Billion Rising는 1년에 한번, 2월 14일 전 세계적으로 벌어진다. 이 행사는 젠더 존중 프로젝트를 만드는 데 영감을 주었다. 교사들은 아이들이 OBR을 경험하는 것이 변화를 위해 행동하는 사람들의 좋은 예를 보여준다고 느꼈다. 젠더에 기반한 차별은 어린 아이들이 다루기 예민한 문제이긴 하다. 하지만 교사들은 이 시위가 무엇인지 이해시키기 위해 KS2 아이들을 위해 집단 개발한 파워포인트 슬라이드, OBR 댄스를 배우기 위한 댄스워크숍, 교육 분야 작가 앤 햄블런Ann Hamblen이 개발한 감각으로 시 쓰기 워크숍 등을 활용해서 아이들에게 OBR을 소개할 수 있었다. '젊은이들의 참여 사다리'(그림5를 보라)에서는 이 행동이 우리가 희망했던 5단계 '젊은이들과 의논하고 알린다'보다 아마 낮을 것이다. 학생들에게 행동을 제안했지만, 그들은 그 취지에 대해 듣고 실제 행사에 참여할지 말지를 선택했다. 이것이 실천 가능한 방침인지, 어떤 느낌인지 알기 위해서 학생들이 다른 사람들과 이런 종류의 행동에 참여하는 경험이 필요했을 것이다. 파워포인트 슬라이드는 젠더 존중 프로젝트 사이트[75]에서 다운로드 받아서 적용할 수 있다.

감각으로 시 쓰기 워크숍

어린 학생들이 OBR 행사 참여를 준비하는 것은 진정한 도전이다. 전 세계 시위참여자들이 그날 추는 춤을 배우는 것은 그 자체로 난관이 될 수 있다. 아이들과 젊은이들에게 왜 모두가 이 춤을 추는지 이해시키는 것은 더 큰 도전이다.

초기 준비

과정

1. 10억 궐기[76]가 무엇인지 설명하는 OBR 웹사이트의 콘텐츠를 학생들과 공유한다. 학생들이 너무 앞서가지 않으면서 행사의 큰 윤곽을 파악할 수 있도록 당신의 방식으로 공유하라.
2. 인터넷에서 10억 궐기로 이미지를 검색한다. 학생들과 공유할 분명하고 강력한 이미지 여섯 개를 전 세계에서 고른다. 곳곳에서 어떤 일이 일어났는지 간략하게 말한다. '감각' 용지를 복사해서 학생들에게 한 장씩 나눠준다.
3. 이미지들을 다시 보여준다. 각 이미지를 보여줄 때 잠깐 동안 멈추고 학생들에게 다음을 요구한다.
   a. 이미지에서 동질감을 느끼는 한 사람을 골라라.
   b. '감각' 용지를 활용해서 '나는 ~볼 수 있다(I can see~)'는 문장을 완성하라. (눈 그림이 그려진 박스에 쓴다. '나는 ~볼 수 있다'는 쓸 필요가 없다. 눈 그림이 대신한다.)

이미지를 바꾼다-감각을 바꾼다-각 학생이 네다섯 개의 생생한 감각 표현을 완성할 때까지 반복한다. 진행하는 동안 더 잘 들어맞고 생생하게 이미지를 환기할 수 있는 표현을 하도록 지도하라. 융통성 있게 하라. (플랩차트에 그대로 모아놓고 보면 어린 학생들의 짧고 단순한 반응이 매우 뛰어날 것이다.)

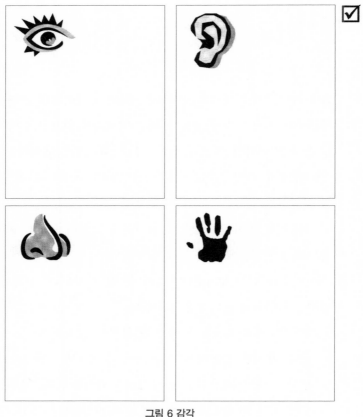

그림 6 감각

c. 학생들 각자가 10억 궐기 참가자들 중 한 명을 고를 수 있고, 그 인물이 짧게 목소리를 내게 할 수도 있다. '나는 ~ 라고 느낀다'거나 '나는 ~ 알고 있다'와 같은 문장을 완성하게 한다.

4. 보조 교재:약간의 데이터/세계 각지의 사진들/사실 서술 용지들을 쓸 수 있다. 젠더 존중 프로젝트의 파워포인트 프레젠테이션과 엠네스티 인터내셔널n.d 자료를 보라.

엠네스티 인터내셔널에서는 아주 유용한 활동 자료들을 만들었는데, 다만 11세에서 18세용이기 때문에 어린 아이들을 위해서는 신중하게 선택할 필요가 있다. 활동1의 사실 서술 일부, 6쪽 정보 용지와 활동6의 자유에 대한 서술 일부, 17쪽 정보 용지에 학생들의 감각 표현을 끼워 넣어서 적용해도 된다. (어떤 식으로 만들어지는지 246쪽 상자의 예를 보라. 단 학생들이 편집, 배열의 권한을 갖도록 해야 한다.)

5. 수행을 위한 틀/순서를 함께 선택한다(소리나 생각 등의 패턴, 다양성, 반복, 대조를 고려한다). 나누어서 말하기. 한 줄씩 또는 몇 줄씩을 한 명이나 여러 명이 읽게 한다. 학생들이 순서에 따라 한 줄씩 또는 몇 줄씩 읽을 때, 그 뒤에 이미지를 프로젝터로 비춘다. 선택하기에 따라 단순하게도, 극적으로도 만들 수도 있다. 학급에서 할 수도 있고 학교 전체가 집단적으로 할 수도 있다. 이때 단어와 이미지들이 효과를 낼 수 있

도록 단순하게 해야 한다.

다음은 학생들이 만들어낸 결과물의 사례다.

10억 궐기

어둠 속에서 우리를 둘러싸고 깜박거리는 촛불들

날아다니는 분홍색 테이프들, 찰칵거리는 카메라들

가깝게, 어깨를 맞대고, 부딪히는 내 친구들이 입은 사리 saris의 빛나는 무늬

손을 흔들고, 소리를 지르고, 손가락은 하늘을 가리키고

춤을 추고, 눈이 내리는 듯이 함께 박수를 친다.

(선택된 원래 순서에 따라 정열/결합된 네 아이들의 감각 표현들, 이것을 그대로 놔둘 수도 있고 여기에 다른 사실들을 끼워 넣을 수도 있다.)

전 세계에서 세 명 중 한 명의 여성이 살아가는 동안 폭력을 겪게 된다.

영국과 웨일스에서는 2주마다 두 명의 여성이 남성 파트너에게 살해당한다.영국여성지원연합Women's Aid Federation of England

파키스탄에서는 한 해에 평균 650명의 여성이 이른바 '명예살인'을 당한다.

폭력이 멈출 때, 여성과 소녀들은

예멘에서는 그들이 원할 때 집을 떠날 것이다.

영국에서는 밤에 공원을 산책할 것이다.

사우디아라비아에서는 체육관에 갈 것이다.

전 세계에서 춤을 출 것이다.

학생들이 실천할 수 있는 방법에 관한 다른 제안들

- 학생들을 성평등 환경에 대한 심사자로 참여시키기-학교 벽, 책, 운동장 사용 등에 관한 심사
- 학생들이 젠더 문제를 서로 인터뷰하기
- 지역의 장난감 가게와 서점을 조사하고 편지보내기
- '완구가 완구일 수 있게Let Toys be Toys'와 같은 전국적인 캠페인에 참여하기

아이들과 젠더 문제를 토론하기 위한 다른 교재들

'완구가 완구일 수 있게': 장난감과 고정관념을 다룬 7세에서 9세 학생용 교안. www.lettoysbetoys.org.uk/toys-and-stereotypes-ks2-activity-2.

전국교사노조National Union of Teachers NUT 분과, '틀 깨부수기: 젠더 고정관념에 도전하다Breaking the Mould:Chellenging Gender

Stereotypes' 지도 아이디어를 담은 안내소책자 세 권 : '고정관념이 당신의 일을 가로 막는다Stereotypes stop you doing stuff', '소년들의 것? 소녀들의 것?Boys things and Girls things?', '그저 아이의 놀이It's childt's play'(그림책을 이용한 아이디어). www.teachers.org.uk/equality/equality-matters/breaking-mould.

P4C를 위한 자극물 : '소년과 소녀Boy and Girl' www.youtube.com/watch?v=pF1j22x-yU8&feature=youtu.be ; 13세 소녀가 시나리오를 쓰고 감독한 영화 '스테레오Stereo - 젠더 고정관념을 뒤집는다' www.youtube.com/watch?v=ePlriYalzPY.

교사를 위한 안내 : 신체상을 가르칠 때 핵심 기준들Teacher Guidance:Key Standards in teaching about Body Image www.pshe-association.org.uk/curriculum-and-resources/resources/key-atandards-teaching-about-body-image, PSHE위원회가 만든 신체상에 관한 교수자료.

성평등 실현을 위해

핵심 메시지

이 책의 첫 번째 핵심 메시지는 초등학교에서 성평등을 위한 노력이 필요하고, 중요하며, 가능하다는 것이다. 이런 노력이 필요한 이유는 여전히 학교 안에 존재하는 젠더 차별뿐 아니라 사회 전반의 젠더 불평등 때문이다. 젠더를 이유로 행사하는 폭력이 만연하고, 권력과 자원에 대한 접근이 불평등하다는 것도 심각한 사회문제다. 이는 사회 규범과 불공평한 권력관계의 바탕이 되는 젠더 고정관념화가 근원이다. 학교 안에서 이런 모든 문제에 대해 이의를 제기할 수 있다.

학교는 그저 일반적인 사회의 축소판이 아니라 사회 변화의 씨를 뿌리고 키울 수 있는 공간이다. 성평등이 가능한 이유는 젠더가 고정된 것이 아니기 때문이다. 아이들은 태어나면서부터 쭉 다른 젠더와 상호작용을 통해 젠더를 배운다. 고정관념에 의해 제약되고, 불평등으로 이어지는 소년 소녀에 대한 관점은 바꿀 수 있고 도전받을 수 있다. 여자아이가 수학과 과학 분야에서 성공할 수 있고, 힘을 가진 자리에 오르고, 자기 능력에 자신감을 가질 수 있다. 남자아이가 글쓰기로 성공할 수 있고, 다양한 감정을 느낄 수 있으며, 다른 사람을 양육하거나 돌볼 수 있다. 아이들은 자신을 드러내고 행동하는 데 있어서 고정된 젠더의 태도와 방식을 따라야 하는 제약을 느낄 필요가 없다. 젠더 정체성에 상관없이 아이들은 함께 놀고 공부하며 서로 존중하는 법을 배울 수 있다. 더 넓은 사회가 어떤 방식으로 젠더 이분법을 강조하더라도, 다음 세대들은 이른 단계에서 여기에 의문을 제기할 수 있다. 그저 아이들이 젠더 문제에 관심을 갖게 하고 비판적이고 독립적으로 사고할 수 있게 도우면 된다. 아이들이 현실의 젠더 불평등을 말할 때 젠더 중립적 환경을 조성하는 문제를 놓고 학교는 까다로운 갈등조정을 해야 한다. 성평등을 위한 도전은 학교에서 일하는 어른들을 위한 것이기도 하다. 그들은 모두 젠더에 대한 관점과 통념을 과거로부터 배웠고, 이를 기반으로 일상을 살아가고 있다. 젠더 정체성에 관한 인식은 매우 개인적이고 쉽게 바뀌지도 않는다. 그러나 교사와 교직원은 아이들과 함께 생활하는 관례나 방식을 평가하는 데 열려있어야 한다. 이것이 가장 중요하다. 교사와 교직원의 무의식적인 편견과 기대가 학생들의 관계뿐 아니라 학습 결과에까지 깊은 영향을 줄 수 있기 때문이다.

이 책의 또 다른 핵심 메시지는, 다른 개입 정책들과 마찬가지로 성평등을 제대로 자리 잡게 하려면 전체 학교 차원의 접근이 중요하다는 것이다. 드러나지 않는 커리큘럼과 공식적인 커리큘럼은 성평등을 반영할 필요가 있다. 또 P4C 같이 비판적 대화법을 통해 아이들과 젠더 불평등 문제를 갖고 씨름할 때, 배경에서 중요한 지원할 필요가 있다.

성평등 노력을 진전시키려면

이 책을 쓴 목적 중 하나는 학교 변화를 위해 성평등에 관심을 갖는 교사들을 지원하는 것이다. 이론편인 〈성평등 교육의 이해〉, 〈성평등 교육이란 무엇이며 왜 중요한가?〉에서는 성평등 노력이 왜 초등학교에서 필수적인지, 젠더 정체성이 어떻게 고정되지 않고 변화가능한지에 대해 근거를 제공했다. 〈초등학교에서 성평등 교육 시행하기〉는 ICE라는 머리글자를 이용해 학교에 젠더 평등을 자리 잡게 하는 몇 가지 방법을 제시했다. ICE는 암묵적이거나 드러나지 않는 커리큘럼, 공식적으로 가르치는 커리큘럼, 드러내놓고 성평등을 다루는 커리큘럼이다. 이 장에서는 학교 전체의 변화로 나아가는 출발점과 방법을 제안하기 위해 ICE의 비유를 발전시키려 했다.

학교를 얼어있는 호수, 하나의 아이스링크라고 상상해보자. 얼음 위로 어떻게 머뭇거리는 첫발을 떼고, 앞으로 나가고, 자신 있게 다른 사람들과 춤을 추고, 계속 움직일 수 있을까?

1. 호수를 살펴본다-한쪽 편에 서서 호수와 그 위에 있는 사람들을 살펴본다.

언뜻 보기에 우리 학교에는 어떤 성평등 문제가 있는가? 교직원들과 비공식적으로 대화해본다. 그들이 생각하기에 어떤 문제가 있는지, 성평등에 대한 인식이 어느 정도인지 알아본다. 물리적 환경을 둘러본다. 전시물, 책들은 어떤가? 아이들은 어떻게 생각하는지 물어본다. 얼음 위에 큰 균열이나 작은 틈이 있는가?

2. 얼음이 가장 두꺼운 지점에서 호수 위로 조심스럽게 발을 내딛는다.
   일주일 동안 성평등의 한 측면에 초점을 맞춘 소규모 프로젝트를 실행한다. 예를 들어 교내의 언어 사용 실태를 조사한다 (4장의 아이디어 또는 부록2 활용).

3. 다른 사람의 손을 잡고, 호수 가장자리에서 얼음을 타기 시작한다.

• 협조자를 찾는다. : 교직원이나 운영위원 중에 성평등에 관심을 가진 사람이 있는가? (사전 지식이나 1단계의 대화를 기반으로) 당신이 학교 고위 운영진이나 교장이 아니라면 그들에게 지원을 요청한다.
• 교직원 회의에서 성평등에 초점을 맞춘 아이디어를 소개한다. 구성원들에게 아이디어를 발전시킬 수 있는 영역을 제안해달라고 요청한다. 2단계의 소규모 프로젝트 결과를 공

유한다.

- 부록2를 사용한다. ICE의 다양한 측면에서 볼 때 학교 수준이 어느 정도인지 자세하게 살펴본다. 예를 들어 학생들을 참여시켜 성평등을 발전시킬 영역을 확인하고 물리적 환경을 평가한다.

4. 얼음의 중심으로 나아가기

- 발전이 필요한 영역을 다루기 위해 교직원 회의나 연수를 준비한다(예를 들어 무의식적 편견에 관한 연수).
- 학생들을 참여시킨다. 학급마다 다른 영역을 평가하고 개선 방안을 제안하게 한다. 예를 들어 어떤 반은 학교 도서관의 책들을 살펴보고, 어떤 반은 운동장 활동을 조사하고 학생들이 운동장 이용을 공평하다고 생각하는지 알아본다. 또 다른 반은 학교에서 사용되는 언어에 대해 조사해서 보고서를 쓴다.
- 커리큘럼 내의 성평등을 확인하기 위해 과목 시간표를 짜는 사람들은 다른 사람들과 협력할 필요가 있다. 교사들은 다음 학기에 계획된 학습 주제들을 살펴보고 젠더 불균형이 있는지 점검한다.
- 학생들이 성평등을 토론할 수 있는 수업 계획을 마련한다(6장을 보라).
- 성평등 노력에 대해 학부모/보호자들과 소통한다. 학부모/

보호자들이 젠더 이슈를 토론하는 기회를 마련하도록 열성
적인 학부모/보호자들에게 도움을 청한다.

• 같은 지역의 다른 초등학교들, 우리 학교 학생들이 진학하
는 중등학교들과 아이디어를 나누고 교류하면서 함께 노력
한다.

• 한꺼번에 너무 많은 것을 하려다가 얼음에 균열이 생기지
않도록 조심한다.

5. 능숙한 아이스댄서가 된다.

팀을 이루어 학교 안의 성평등 노력을 확인하고, 이를 발전시
키는 새로운 기회를 만들어간다. 지속적으로 평가하면서 성평
등 실행을 한 걸음 더 발전시켜간다. 성평등 노력이 다른 평등
의 문제들과 만나는 지점을 알아야 한다. 그래야 관계를 맺고
협력해서 문제를 해결할 수 있다. 이 단계는 성평등 노력이 성
공을 거두어 동료들과 다른 학교에 모범이 될 수 있는 상태일
것이다. 초등학교 성평등에 관한 더 광범위한 토론의 중심으
로 들어가야 한다.

| 부록1 | 젠더 존중 관찰 연구-이미지와 질문

이미지 해설	질문
도입	우리는 '젠더 존중 프로젝트'를 진행하는 연구자들입니다. 여러분의 학교가 이 프로젝트에 참여하고 있고, 우리가 여러분과 시간을 보내도록 선생님이 허락해주셨어요. 우리는 2014년 사우스요크셔 주에서 지금 남자아이 혹은 여자아이로 사는 게 어떠한지에 관심을 갖고 있어요. 여기 대화를 시작하게 해줄 몇 가지 이미지가 있고, 이어서 여러분 또래의 다른 남자아이나 여자아이에게 영향을 주는 것들에 대해 묻는 몇 가지 질문도 있어요. 첫 번째 이미지들을 보여준다.
스포츠/체육 줄넘기 : 컬러 이미지. 여자아이들과 남자아이들이 각자 자신의 줄넘기로 뛰고 있는 학교 운동장을 보여준다.	경기나 체육에서 남자아이들이 여자아이들보다 잘하는 것으로 무엇이 있을까요? 이유는 무엇입니까? 경기나 체육에서 여자아이들이 남자아이들보다 잘하는 것은? 그 이유는?
여자 축구선수들 : 컬러 이미지. 축구장(stadium)에서 축구 하는 여자들을 보여준다. 남자 축구선수들 : 컬러 이미지. 운동장(field)에서 축구 하는 남자들을 보여준다(배경은 흐릿함).	어느 쪽이 맘에 듭니까? 이유는 무엇입니까?
농구하는 여자아이들 : (의뢰하여 제작한) 색연필 데생으로, 여자아이 두 명이 농구를 하고 한 남자아이가 슬픈 표정으로 바라보고 있다.	이 그림은 어떤 상황을 보여주고 있습니까? 저 남자아이는 무슨 생각을 하고 있을까요?

농구하는 남자아이들: (의뢰하여 제작한) 색연필 데생으로, 남자아이 두 명이 농구를 하고 한 여자아이가 슬픈 표정으로 바라보고 있다. 이미지 두 장은 여자아이들이 남자아이들로 바뀐 점 외에는 동일한 그림이다.	이 그림은 어떤 상황을 보여주고 있습니까? 저 여자아이는 무슨 생각을 하고 있을까요?
신체 이미지 소녀 화장: (의뢰하여 제작한) 컬러 이미지로, 아이라이너를 그리는 거울 속 10대 여자아이. 소년 헤어젤: (의뢰하여 제작한) 컬러 이미지로, 헤어젤을 바르는 거울 속 10대 남자아이. 제시카 에니스(올림픽 육상선수): 경기복을 착용한 채 근육을 보여주며 활짝 웃으며 엄지를 치켜세운 제시카 에니스의 컬러 사진. 데이비드 베컴(축구선수): 문신한 팔이 보이는 티셔츠를 입고 뭔가를 바라보며 관중석에 앉아있는 데이비드 베컴의 컬러 사진	여학생 여러분은 자신의 외모에 대한 생각을 많이 합니까? 여러분은 예컨대 옷에 신경을 쓴다거나 화장을 한다거나 하는 식으로 신경을 많이 쓰는가요? 남학생 여러분은 자신의 외모에 대한 생각을 많이 합니까? 여러분은 예컨대 옷에 신경을 쓰거나 헤어 제품을 사용하는 식으로 신경을 많이 쓰는가요? 여러분 또래 젊은이의 외모에 영향을 미치는 것은 무엇입니까?
관계 소녀에게 키스하는 소년: 컬러로 그린 만화 이미지로 벤치에 나란히 앉은 소녀와 소년. 소년이 소녀의 볼에 키스를 하고 있고 빨간 하트 표시들이 피어나고 있다. 친구 사이의 소년 소녀들: 컬러 이미지로 십대 소년과 소녀가 마주보고 앉아 함께 웃고 있다.	어느 쪽이 맘에 듭니까? 여러분은 남학생과 혹은 여학생과 친구 사이가 될 수 있습니까?
감정 표현 울고 있는 남자: 울고 있는 남자의 머리와 어깨를 총천연색으로 근접 촬영한 두 장의 사진(한 장은 백인 남자, 다른 한 장은 흑인 남자). 소리치고 있는 여자: 주먹을 올린 채 소리치는 것으로 보이는 화가 난 표정의 여자를 총천연색으로 근접 촬영한 사진.	이 사진들을 보면서 어떤 생각이 듭니까? 선택적 조언: 남자들이 운다거나 여자들이 소리치는 것이 불편하다고 생각하는 사람들이 있습니다. 어떻게 생각합니까?

직업과 포부 직업 이미지 여섯 장[77] 공장에서 재봉틀을 쓰는 라스타파리안[78] 남자의 흑백 사진. 지붕 위에서 기와를 고치고 있는 안전모를 착용한 여자의 흑백 사진. 비행기 앞에 서 있는 여자 파일럿의 흑백 사진. 놀이방에서 아기의 손을 잡고 앉아 웃고 있는 남자의 흑백 사진. 정원의 의자에 앉아 아기에게 밥을 먹이고 있는 남자의 컬러 사진. 공구 벨트를 매고 천장 등을 고치고 있는 여자의 흑백 사진.	어떤 사진이 맘에 듭니까? 이유는 무엇입니까? 어떤 사진이 맘에 들지 않습니까? 이유는 무엇입니까? 여러분은 자라서 어떤 일을 하고 싶은지 의견이 있습니까?
직접적인 질문 기대, 그리고 부당함에 대한 자각	여러분이 여학생이라면 혹은 남학생이라면 학교에서 어른들이 다르게 대할까요? 학교 밖에서는 어떨까요? 여러분의 친구들은 여러분이 어떻게 행동하기를 기대합니까? 그 이유는 무엇입니까? 여러분이 하고 싶지만 단지 남자아이라는 이유로 혹은 여자아이라는 이유로 할 수 없는 일이 있습니까? 여러분이 마법의 지팡이를 갖게 되어 소년과 소녀를 대하는 방식을 달라지게 만들 수 있는 하나의 소원을 이룰 수 있다면 그것은 무엇일까요?
감사와 비밀 유지	여러분의 생각을 함께 나눠 주셔서 고맙습니다. 이 순간 남자아이 혹은 여자아이로 사는 게 어떠한지 이해하기 위해 진행하는 프로젝트에 여러분이 큰 도움이 되었습니다. 녹음 기록은 연구팀이 여러분들이 이야기한 내용을 정확히 알아듣기 위해 매우 유용하게 쓰일 것입니다. 우리는 여러분의 이름이 비밀로 유지되도록 보장하겠습니다.

| 부록2 | 초등학교용 성평등 체크리스트

1: 그저 그러하다, 2: 그러하다, 3: 매우 그러하다(I: Implicit, C: Curriculum, E: Explicit)

영역	목표	1	2	3
(I) 기 대 와 태 도	교사들이 자신들의 무의식적 편견을 자각하고 있다.			
	젠더와 무관하게 모든 학생의 능력과 기량이 찬사를 받는다.			
	행동 관리가 성평등적이다.			
	소년들과 소녀들에 대한 교사의 관심이 균형을 이룬다.			
(I) 언 어	학생들을 부를 때 젠더 중립적 용어를 쓴다.			
	부지불식간에 어린이들이 젠더에 따라 나뉘지 않는다.			
	학내 모든 직원이 젠더 중립적 언어(문어, 구어 포함)를 사용한다.			
	성차별적 언어와 표현에는 이의가 제기된다.			
(I) 물 리 적 환 경 과 자 원 들	성평등과 성 다양성에 대한 교칙이 게시되어있다.			
	모든 젠더를 평등하게 묘사하여 전시한다.			
	모든 젠더를 다양한 역할로 보여준다.			
	다양한 형태의 가족들을 보여준다.			
	색깔(분홍, 파랑)은 젠더 고정관념화를 강화하기보다는 그에 도전하기 위해 사용된다.			
	게시판의 언어가 젠더 중립적이다.			
	교실의 자료들은 젠더 고정관념을 벗어나 있고 젠더에 따라 구분하지 않는다.			
	놀이 재료들은 젠더 중립적이다.			
	놀이 영역은 모든 젠더의 학생들에게 동등한 접근을 보장하는 방식으로 배치한다.			
	젠더 고정관념에 도전하는 책들이 제공된다.			
	교복이나 복장 코드가 젠더 중립적이다.			

(I) 관 계 와 역 할	학교 공동체 전반에 걸쳐 상호 존중 문화가 유지된다.			
	학내 직무에서 젠더 균형을 최대한 평등하게 유지한다.			
	고정관념화된 젠더 역할에 도전하는 방문객들이 학교에 초청된다.			
	모든 직원이 학교의 성평등과 성 다양성 정책들을 잘 알고 있다.			
	모든 직원이 성평등과 성 다양성에 관한 훈련을 받는다.			
	학생들은 젠더 균형을 이룬 역할과 책무를 맡는다.			
	수업 중 소녀들과 소년들 사이에 협력이 잘 이루어진다.			
	직원들은 스스로 여성성과 남성성의 모델이 된다는 사실을 인식하고 있고, 다른 젠더와 관계 맺는 방식을 잘 이해하고 있다.			
	방문객들이 성평등 정책들을 이해하게 된다.			
(I) 놀 이 시 간 과 운 동 장	운동장이 서로 다른 종류의 활동이 가능하도록 설계되어 있다.			
	운동장 공간을 모든 젠더의 학생들이 평등하게 사용한다.			
	신체적 기량이 부족한 어린이들이 자신이 원하는 경우에는 운동장 활동에 합류할 수 있도록 지도받는다.			
	지도를 맡은 직원들은 다양한 운동장 경기들을 가르치고 도와주도록 훈련받는다.			
	운동장 사용에 필요한 다양하고 재미있는 장비들이 있다.			
(I) 과 외 활 동	과외 활동이 모든 젠더를 포괄한다.			
	기념행사들은 젠더 중립적이다.			
	코스튬 플레이 축제에는 어른들에 의해 젠더 고정관념에 따른 복장 착용에 대한 문제제기가 이루어진다.			
	졸업생 관련 행사를 비롯한 여러 행사들이 젠더 중립적으로 치러진다.			
(C) 예 술 과 디 자 인	모든 학생이 폭넓은 예술적 기량을 발달시킬 수 있도록 지원한다.			
	학생들이 남자 예술가만큼 많은 여자 예술가를 알고 있다.			
	패션과 직조 예술에 여학생은 물론 남학생도 참여한다.			

(C) 컴퓨터 사용	컴퓨터 사용은 창의적이고 재미있는 활동으로 제시된다.			
	여학생들이 참여할 수 있도록 컴퓨터 사용에 관한 정보가 제공된다.			
	컴퓨터 관련 프로젝트 주제들은 젠더 고정관념에 구애받지 않고 모든 젠더의 흥미를 끈다.			
(C) 디자인과 기술 D&T	저학년부터 건축 재료들을 모든 젠더가 동등하게 놀이용으로 사용하고, 젠더 중립적으로 제공받는다.			
	D&T의 여러 다양한 측면을 모든 젠더의 학생들이 똑같이 수월하게 받아들인다.			
	D&T의 모든 영역에 여자아이와 남자아이가 동등하게 참여한다.			
	기량 차이가 확인되면 과외의 지원이 이루어진다.			
	D&T 과제들에 대한 설명은 젠더 포괄적으로 그리고 젠더 고정관념에 도전하는 방식으로 이루어진다.			
	이 분야에 여성과 남성 모두의 공헌이 있었음을 배운다.			
	젠더 고정관념에서 벗어난 역할을 수행하는 방문자들이 학교에 초청된다.			
(C) 영어 읽고 / 쓰는 능력	교실에서 이루어지는 모든 유형의 대화에 모든 젠더가 동등하게 참여한다.			
	교사들은 질문에 대한 답변 기회를 모든 젠더에 동등하게 제공한다.			
	젠더화된 글을 선호하는 통념에 문제제기를 한다.			
	자유로이 읽는 어린이용 문학 작품들은 젠더 균형과 성평등을 위해 정례적으로 검토한다.			
(C) 지리	세계 곳곳의 여자들과 남자들이 젠더 고정관념에서 벗어난 역할로 묘사된다.			
	집안일은 집 바깥의 일과 마찬가지로 가치 있다고 본다.			
	커리큘럼에 여자들과 소수민족의 유산을 가진 사람들, 권력과 권위를 가진 사람들이 등장한다.			
	활동적인 여가 활동을 하는 모든 젠더의 모습을 보여준다.			
	젠더와 무관하게 모든 학생이 현장 활동에 참여하고 학교 내 지속가능성에 대한 실천 활동에 참여한다.			

(C) 역사	역사 수업에서 유명한 남자들뿐 아니라 여자들에 대해서도 배운다(다른 교차성들 또한 고려된다).			
	전사자 추도일 행사에서 제1, 2차 세계대전 중 여자들의 역할에 대해 배운다.			
	평범한 여자들의 삶에 대해 배운다.			
	예컨대 평화 건설과 같은 젠더 고정관념화된 역할과는 다른 활동에 참여한 유명한 남자들에 대해 배운다.			
	사회 내 소녀들과 여자들의 지위에 대해 그리고 역사 속 젠더 역할에 대해 배운다.			
	서프러제트부터 현재까지의 페미니즘 역사를 공부한다.			
(C) 외국어	외국어를 배우는 구체적인 목표, 실제 말할 기회가 있다.			
	외국어가 학생들의 생활과 관련되어있다.			
	외국어를 가르칠 때 개인 최고기록이나 공동작업의 중요성이 강조된다.			
	학생들은 자신의 학습에 대한 통제력을 가질 수 있게 한다는 학습 목표를 자각하고 있다.			
	외국어는 학교 내 높은 중요도와 인지도를 차지한다.			
	프랑스어는 소녀용 언어라는 생각에 이의가 제기된다.			
(C) 수학	서로 다른 직업과 역할들 속에서 수학을 사용하는 각기 다른 사람들의 다양한 모습이 제시된다.			
	소녀들에게 3D 대상들의 2D 판독과 이 이미지들의 심적 회전(mental rotation) 기량을 숙련할 기회가 주어진다.			
	학생들에게 고정관념화된 위협으로 인한 수학 불안을 이겨내게 해줄 격려와 피드백이 제공된다.			
	수학에서 이해 및 문제 해결을 위한 그룹 토론과 다중 전략이 활용된다.			
	가족들이 학생들이 학교에서 배운 수학을 활용할 수 있는 다양한 방식에 대한 정보를 제공받음으로써 '과학 자본'을 구축할 수 있도록 도움을 받는다.			
(C) 음악	학교 내 누가 어떤 악기를 배우는가와 관련하여 성차가 없다.			
	성악은 모든 성별이 참여하는 일상적인 활동으로 간주된다.			
	모든 젠더가 각기 다른 음악 양식에 동등하게 참여한다.			
	소녀들과 소년들의 음악적 역량에 대한 교사들의 태도가 전혀 다르지 않다.			

(C) 음악	타악기 분야에서 모든 젠더가 모든 악기를 연주할 수 있는 동등한 기회를 갖는다.			
	교사들과 학생들이 남자만큼이나 많은 여자 고전음악 작곡가에 대해 알고 있다.			
	각기 다른 지역과 시기의 다양한 음반이 남녀가 참여한 가운데 연주된다.			
(C) 체육	젠더와 상관없이 모든 학생에게 다양한 체육, 스포츠 활동과 경기에 대한 동등한 접근이 이루어진다.			
	무용과 체조에 대한 남자아이들의 참여가 장려된다.			
	축구 등 여러 구기 경기에 소녀들의 참여가 장려된다.			
	체육 수업에서 기량 발달에 초점이 맞추어진다. 모든 어린이가 경기에 참여할 수 있도록 지원이 이루어진다.			
	초빙된 스포츠 코치들이 젠더 고정관념에서 벗어난 긍정적인 역할 모델을 제시한다.			
	학생들이 유명한 남자 무용수들과 체조선수들, 유명한 여성 축구선수들과 럭비 선수들 등에 대해 배운다.			
	소녀들이 자신감을 갖고 소년들이 압도하지 않도록 보장되는 가운데 혼성팀이 형성된다.			
	학교 밖에서 스포츠와 신체단련의 다양한 기회가 제공된다.			
(C) 과학	과학과 관련된 최대한 다양한 직업이 제시된다.			
	생물 관련 주제에 대한 소년들의 관심과 체육 관련 주제에 대한 소녀들의 관심이 적극적으로 장려된다.			
	과학에서 젠더 고정관념을 벗어난 영역들에 대해 관심을 갖도록 교사들이 모델이 되어준다.			
	교사들이 과학에 대한 지식과 자신감으로 학생들의 학력과 향상을 지원한다.			
	남자 과학자들뿐 아니라 여자 과학자들도 적극적으로 보여준다.			
(E) 명가 시르 적침	성평등에 관한 비판적 토론에 참여하는 학생들을 위한 특별한 기회를 커리큘럼에 포함시킨다.			
	젠더 이슈에 대한 학생들의 비판적 사고가 발달된다.			
	학생들이 자유롭게 만들어내고 싶은 변화들을 찾아내고 실천하도록 학교 안팎의 공동체에서 지원이 이루어진다.			

장서 전체 (모든 질문에서 소수민족, 장애, 성차별에 대한 교차성을 유념하기 바람) '예' 아래 체크 표시가 많을수록 좋다.	예	아니오
1 모든 책이 질적으로 우수한가(본문, 삽화)? (좋은 글이나 삽화가 아닌 책들은 아무리 긍정적인 젠더 메시지들이라도 방해하고 훼손하게 된다.)		
2 서로 다른 배경을 가진 남성 및 여성 작가들이 균형을 잘 이루고 있는가?		
3 (등장인물이 동물인 경우나 상상 속 생명체인 경우를 포함하여) 주요 남자 등장인물들만큼 주요 여자 등장인물들이 나오는 책들을 소장하고 있는가?		
4 소년들과 소녀들이 함께 놀고 협력하는 책들을 소장하고 있는가?		
5 상냥함과 세심함을 보여주는 남자 등장인물이 나오는 책들뿐만 아니라 강하고 리더십을 가진 여자 등장인물이 나오는 책들을 소장하고 있는가?		
6 교실이나 도서관에서 책들이 소년 구역과 소녀 구역으로 분리되지 않도록 하고 있는가?		
7 표지에 소년용 혹은 소녀용이라고 적힌 책들이 진열되지 않도록 하고, 그러한 책들은 젠더 고정관념화에 대한 토론을 촉진시키기 위해서만 사용하는가?		
8 성차별이나 젠더 고정관념화에 적극적으로 문제를 제기하는 질적으로 우수한 책들을 소장하고 있는가?		
9 젠더 고정관념을 벗어난 역할을 수행하는 남자들만큼이나 여자들도 그려내는 비소설 도서들을 다양하게 소장하고 있는가?		
10 각기 다른 역할을 하는 유명한 여자들의 전기들을 소장하고 있는가?		
11 돌보는 역할이나 비폭력적 역할을 하는 유명한 남자들의 전기를 소장하고 있는가?		

12	남성뿐 아니라 여성 예술가나 음악가들에 관한 책들도 소장하고 있는가?		
13	여성 과학자나 수학자에 대한 책들이 소장되어있는가?		
14	(개별 남자 혹은 여자 영웅들을 강조하지만 않고) 변화를 위해 사람들이 서로 힘을 합쳐 일하는 것을 보여주는 책들이 소장되어있는가?		
15	소장 도서 가운데 사회에서는 종종 드러나지 않기도 하는 집단들에 대해 젠더 고정관념에서 벗어난 다양한 방식으로 제시되는가? (예컨대 집시, 여행자 가족, 두 엄마 혹은 두 아빠로 이루어진 가족, 이중 혈통 가족, 트랜스젠더 성인이나 어린이, 이슬람교인 가족, 홈리스 가족, 다세대 가족, 한부모 혹은 의붓부모 가족, 위탁 보호 혹은 입양 가족, 장애 성인이나 어린이, 기타)		

성차별 관련 개별 도서 체크	예	아니오
1 모든 책이 질적으로 우수한가(본문, 삽화)? (좋은 글이나 삽화가 아닌 책들은 아무리 긍정적인 젠더 메시지들이라도 방해하고 훼손하게 된다.)		
2 젠더 고정관념(예컨대 돌보는 역할이나 악한 마녀들로 나오는 여자 등장인물, 정력적이고 지배적인 역할로 나와 여자 등장인물을 구하는 남자 등장인물)을 예방하고 있는가?		
3 자신의 외모나 남자 등장인물과의 관계에 의존하기보다는 자기 자신의 의지와 지성에 바탕을 둔 여자 등장인물의 성취 이야기가 있는가?		
4 젠더 고정관념을 벗어나서 묘사되는 가족 역할이나 가족 관계가 있는가?		
5 소녀들이나 여자들을 배제하고 비하하는 성차별적 언어를 예방하고 있는가?		
6 대명사가 (남성 대명사를 사용하여 모든 성별을 언급하지 않고) 올바르게 사용되는가?		
7 젠더 중립적 언어로 (예컨대 fireman보다는 firefighter로) 사용되는가?		
8 여자 등장인물들이 남자 등장인물들만큼 빈번하게 삽화의 중요한 위치에 등장하는가?		

추천도서로는 여러 가지 다른 측면에서 성평등을 말해주는 질적으로 우수한 책들을 골랐다. 대부분의 책이 대안적 성 역할, 직업 혹은 행동을 제시하며 어떤 방식으로든 젠더 고정관념화에 문제를 제기하고 있다. 소설들 가운데 일부는 강하고 가장 중요한 여자 등장인물이 나오기 때문에 선정했는데, 그 중 상당수가 소수민족 다양성을 표현하기도 하고, 지구 남반부의 나라들을 배경으로 한 책들이다. 일부 도서는 소녀들과 소년들 사이의 긍정적인 우정을 그린다. 유명한 여자들의 전기들도 포함시켰다. 전반적으로 남자아이로 살아가는 대안적 방식이나 논바이너리 젠더 정체성을 묘사한 책들을 찾기가 쉽지 않은 가운데 발견한 책들을 포함시켰다. 추천하는 연령 집단은 물론 근사치이다.

미국의 '마이티걸A Mighty Girl' 웹사이트와 영국의 '편지통 도서관Letterbox Library' 웹사이트에 '소녀들에게 자신감을 주는girl-empowering' 책들(을 비롯한 여타 매체들)의 방대한 목록이 있다.

● 소설(5세~7세)

《에이더 트위스트 과학자들Ada Twist Scientist》
에이더 트위스트의 머릿속은 질문으로 가득 차 있다. 같은 반 친구 이기와 로지처럼 에이더도 호기심이 늘 그치지 않는다. 하지만 진상을 알아야겠다는 에이더의 사명감과 정교한 과학 실험이 도를 지나칠 때면 당혹스러운 부모님들은 에이더를 '생각하는 의자'로 추방한다. 온갖 생각들은 에이더를 변화시킬까? 여성이자 흑인인 등장인물의 엄청난 이야기가 펼쳐진다.

《사랑해 너무나 너무나And Tango Makes Three》
저스틴 리처드슨·피터 파넬 글, 헨리 콜 그림, 강이경 옮김, 담푸스, 2012.
뉴욕의 센트럴파크 동물원에서 일어난 실화를 바탕으로 한 이야기로 알 하나를 입양한 두 수컷 펭귄에 관한 책이다. 마음이 따뜻해지는 이 이야기는 가족을 만드는 데 필요한 것은 오로지 사랑뿐임을 보여준다. 철학적 질문을 위한 자극제로 적합하다.

《빅 밥, 리틀 밥Big Bob, Little Bob》

빅 밥과 리틀 밥은 이름은 같지만 서로가 아주 다른 것들을 갖고 놀고 싶어 한다. 빅 밥은 트럭을 갖고 놀기를 좋아하고, 리틀 밥은 인형을 갖고 놀기를 좋아한다. 빅 밥처럼 인형보다 트럭을 더 좋아하는 소녀가 이웃에 이사를 오자 그들은 모두 소년인지 소녀인지에 상관없이 각자가 좋아하는 것을 골라 함께 놀게 된다.

《개들은 발레를 하지 않아Dogs Don't Do Ballet》

비프는 평범한 개들과는 다르다. 벼룩을 긁거나 변기 물을 마시는 대신 달빛과 음악, 발끝으로 걷기를 좋아한다. 사실 비프는 자신이 개라고는 생각조차 하지 않는다. 자신이 발레리나라고 생각한다.

《도서관이 라푼젤을 구한 방법How the Library Saved Rapunzel》

도시의 한 고층 건물을 배경으로 전래의 라푼젤 이야기를 새롭게 해석한다. 결국 라푼젤로 하여금 (스스로 승강기를 고친 후) 탑에서 내려오게 만든 것은 도서관에서 얻은 새 일거리다. 젠더 고정관념에 멋지게 문제를 제기한다.

《당장In a Minute》

놀이터로 가는 길에서 어른들이 나누는 온갖 다양한 대화를 기다려야 하는 한 소녀가 겪는 일상의 좌절을 그린 《내 창문을 통해 지켜보기Through my Window and Wait and See》의 자매편이다. 이 그림책은 이중 혈통 가족을 묘사하는 몇 안 되는 책이면서 젠더 고정관념에 문제를 제기한다.

《이지 기즈모Izzy Gizmo》

이지 기즈모의 발명품들은 놀랍고 근사하고… 그리고 종종 불량품이다. 이지가 다친 까마귀를 구조할 때, 그녀의 상상력은 그 한계를 시험받는다. 이지가 새로운 날개들을 발명할 수 있을까? 아니면 이지의 새 친구는 날지 못하는 까마귀로 살게 될 운명일까? 재미있는 삽화로 가득 찬 이 이야기는 과학과 기술에 뛰어난 흑인 소녀가 주인공이다.

《뜨개질하는 소년Made by Raffi》

크레이그 팜랜즈 글, 마가렛 체임벌린 그림, 천미나 옮김, 책과콩나무, 2015.

라피는 학교에서 나머지 어린이들과는 다르게 느낀다. 그는 소란스런 경기를 좋아하지 않아서 때로 놀림을 받는다. 하지만 라피가 뜨개질과 바느질 재능을 발견하자 모든 게 달라진다…. 그리고 모두가 갖고 싶어 하게 된 뭔가가 있는데 그것은 라피가 만든 것이다.

《모든 공주가 분홍색을 입지는 않아요Not All Princesses Dress in Pink》

이 공주들은 땅을 파고, 축구를 하고, 진흙 웅덩이에서 첨벙거린다. 모두 반짝거리는 왕관을 쓴 채로! 재미있고 생기 넘치고 다채롭게 그려진 일련의 시나리오들로 젠더 고정관념에 도전한다.

《패스해, 폴리Pass it Polly》

폴리와 니샤는 학교 축구팀에서 뛰고 싶어 하는 유일한 소녀들이다. 하지만 축구는 보기보다 힘든 것으로 밝혀진다. 니샤 할아버지에게서 받은 도움과 결단력으로 둘은 곧 드리블을 하고, 공을 빼앗고, 득점을 올린다. 그리고 계속해서 팀이 경기에서 승리하는 데 공을 세운다. 성평등과 인종평등을 고취하는 고전 그림책의 재판이다.

《픽스티 공주Princess Pigsty》

원래 독일에서 발간된 이 책은 자신이 살도록 예정된 편안한 삶-그 삶은 너무 지루하다-에 저항하는 작은 공주에 관한 이야기다. 공주의 아버지에게는 안타깝게도 그녀는 아버지가 자신에게 내리는 모든 벌을 매우 즐기며 받는다. 결국 공주가 아버지를 설득한다.

《빨간 로켓과 무지개빛 젤리Red Rockets and Rainbow Jelly》

닉은 노란 양말을 좋아하고, 수는 보라색 머리를 좋아한다. 닉은 초록색 외계인들을 좋아하고, 수는 빨간색 개들을 좋아한다. 그런데 둘이 함께 싫어하는 게 하나 있다. 그것은… 서로다! 소녀들과 소년들이 함께 어울린다는 것에 관해 명랑하게 그려진 이야기다.

《폭풍 고래Storm Whale》
벤지 데이비스 글, 노경실 옮김, 예림아이, 2016.

"나와 내 자매들이 시내를 향해 걷고 있을 때 날이 음산해지고 비바람이 세차게 불었다…." 강한 바람에 노출된 해변에 고립된 고래 한 마리를 발견하고 이를 구하려고 애쓰는 세 자매의 이야기가 시작된다. 시적인 글과 생생한 움직임으로 꽉 찬 아름다운 삽화로 이루어진 이 책은 세 명의 주인공 소녀들을 그리는 가운데, 장엄하면서도 상처받기 쉬운 자연과 그 자연에서 우리의 역할을 찬미한다.

《수퍼 데이지와 완두콩 행성의 위기Super Daisy and the Peril of Planet Pea》
《콩도 먹어야지》케스 그레이 지음, 닉 샤렛 그림, 이명연 옮김, 럭스미디어, 2004의 사랑받는 주인공 데이지에 관한 연작 중 하나다. 이 작품에서는 '수퍼 데이지'가 구하지 않는 한 완두콩 행성과의 재앙적 충돌이 예정되어있다. 소녀들의 슈퍼히어로 역할을 격려하는 멋진 이야기다.

《큰 형The Big Brother》
이 책은 이제 곧 좀 더 긴 책을 읽기 시작할 준비가 된 어린 독자들을 위한 책이다. 페이지마다 도움을 주는 데생이 덧붙여진 얇은 보급판 책이다. 다라의 엄마에게는 새 아기가 태어날 예정이어서 다라는 곧 큰 형이 된다. 큰 형은 작은 아기에게 뭘 해줄까? 큰 형이 되기 위한 다라의 준비와 함께 어른들 역시 배움을 얻게 된다.

《꽃이 피는 아이The Boy Who Grew Flowers》
엔 보이토비치 글, 스티브 애덤스 그림, 왕인애 옮김, 느림보, 2007.

링크는 보름달이 찰 때마다 자신의 몸 전체에 아름다운 꽃들을 키우는 매우 독특한 남자아이다. 마을에서 그리고 학교에서 링크와 그의 가족은 따돌림 받는 사람들이다. 누구도 링크의 이상한 식물 비밀을 알지 못하는 데도 말이다. 하지만 어느 날 한 소녀가 학교에 새로 도착하고 링크는 그 아이가 자신만의 약간 독특한 특성을 가졌다는 것을 발견한다. 받아들임을 격려하는 유머와 은유를 사용함으로써 이 이야기는 다양성에 대한 토론을 장려하는 데 유용할 것이다.

《나무에 올라가는 아주 별난 꼬마 얼룩소The Cow Who Climbed a Tree》
제마 메리노 지음, 노은정 옮김, 사파리, 2015.

티나는 다른 소들과 다르다. 티나는 탐사하고 발견하고 꿈을 꾼다. 티나가 자신의 자매들에게 삶에는 풀을 씹는 것 말고도 더 있다는 사실을 보여줄 수 있을까?

《거대한 굴리 무글리The Great Gooly Moogly》

아무도 거대한 굴리 무글리-거대하고 무서운 전설의 물고기-를 잡은 적이 없다. 하지만 스텔라는 바로 그 일을 목표로 삼는다. 낚시 장비와 다른 미끼들로 무장하고서 스텔라는 어떤 날씨에도 날마다 자신의 꿈을 현실로 만들기 위해 나선다. 그런데 성공하게 되면 스텔라는 무엇을 할까?

《종이 봉지 공주The Paper Bag Princess》
로버트 먼치 글, 마이클 마르첸코 그림, 김태희 옮김, 비룡소, 1998.

대안 명작 동화의 73쇄 판이다. 용이 공주의 성과 모든 옷을 불태워버리고 결혼하기로 되어있는 왕자를 빼앗아가자 엘리자베스 공주는 왕자를 되찾아오기로 맘먹고 용에게 맞선다. 공주는 영리하게 용을 속여 왕자를 찾아내는데 왕자는 그녀가 종이봉지를 입고 있을 뿐이므로 진짜 공주가 아니라고 말한다. 엘리자베스는 그를 쫓아내버린다. 그리고 아마도 행복하게 살아갈 것이다. 이후로 영원히….

《내 창문을 통해Through My Window》

조가 하루 동안 침대에 머물러야 할 때 아빠가 그녀를 돌봐주고 엄마는 퇴근하면서 특별한 선물을 가져오겠다고 약속한다. 기다리는 동안 조는 창문을 통해 거리에서 계속되는 온갖 것들을 바라보면서 엄마의 특별한 깜짝 선물이 무엇일지 기대하는 마음에 점점 더 흥분된다. 이 그림책은 젠더 고정관념에 도전할 뿐 아니라 이중 혈통 가족을 묘사하는 몇 안 되는 책 중 하나다.

《윌리엄의 인형William's Doll》

윌리엄은 인형을 원한다. 껴안고, 먹이고, 이불을 덮어주고, 잘 자라는 인사를 하고 싶다. "소름끼치게 하지 마!"라고 형이 말한다. "계집애 같잖아, 계집애."라고 옆집 소년이 외친다. 아빠는 기차와 농구공을 사주지만 윌리엄이 진심으로 원하는 인형은 사주지 않는다. 그러던 어느 날 윌리엄이 자신의 인형을 가져야 하는 이유를 이해하는 누군가가 생긴다.

《만 개의 드레스10,000 Dresses》

매일 밤 베일리는 마법의 드레스들에 대한 꿈을 꾼다. 수정과 무지개로 만들어진 드레스들, 꽃으로 만들어진 드레스들…. 하지만 베일리가 깨어났을 때는 아무도 그의 꿈에 대해 들으려 하지 않는다. 그들은 소년들은 드레스를 입지 않는다고 말한다. 그러다 베일리는 자신보다 나이가 많은 로렐을 만나고 그녀는 베일리의 상상력과 용기에 감화된다. 우정 속에서 두 사람은 함께 드레스를 만들기 시작한다.

● 소설(7세~11세)

《나처럼 생긴 천사An Angel Just Like Me》

왜 자신과 같은 흑인 천사란 존재하지 않는지 이해할 수 없는 어린 소년에 관한 이야기다. 예술가인 친구 칼이 그와 꼭 같이 생긴 천사를 만들어줌으로써 문제를 해결한다. 어린이들에게 인종과 성별을 둘러싼 이슈를 솔직하게 이야기하는 멋진 이야기이다. P4C 용으로 유용한 자극제가 된다.

《아지의 머나먼 여행Azzi in Between》

사라 갈랜드 지음, 임영신 옮김, 초록개구리, 2012.

국제 앰네스티가 추천했으며, 사랑받는 동화작가 사라 갈랜드가 난민 가족들 가운데서 직접 겪은 체험을 그린 이 이야기는 자신의 나라에서 탈출해 영국으로 와야만 하는 어린 소녀의 이야기를 들려준다.

《분홍 원피스를 입은 소년Bill's New Frock》

앤 파인 글, 필리페 뒤파스퀴어 그림, 노은정 옮김, 비룡소, 2014.

어느 날 잠에서 깨어난 빌은 자신이 소녀라는 사실을 알게 된다. 게다가 엄마는 빌에게 분홍 드레스를 입혀 학교에 보낸다. 빌은 소녀들에겐 모든 게 아주 다르다는 것을 알게 된다. 이제 고전명작이 된 이 이야기는 시사하는 바가 많은 책이다.

《나비정원의 비밀Butterfly Park》
엘리 맥케이 지음, 서나연 옮김, 아이위즈, 2016.
한 꼬마 소녀가 새로 이사한 집 옆에 나비들을 위해 만들어진 공터를 발견한다. 하지만 소녀가 나비들이 그곳에 머무르게 하는 데 어려움을 겪을 때, 이웃들이 나비들을 끌어들이기 위해 꽃을 심는 그녀를 돕는다. 종이를 오려 붙인 모양의 아름다운 그림은 삽화에 숨을 불어넣고, 지속가능성과 공동체, 우정이라는 주제의식을 담은 이야기는 철학적 질문을 위한 완벽한 자극제가 되어준다.

《축구 스타Football Star》
파울로가 축구 스타가 되면 유명해질 것이고, 관중이 그의 이름을 연호할 것이다. 그러면 엄마는 너무 힘들게 일하지 않아도 된다. 하지만 아직 파울로에게는 그에게 수학을 가르쳐주는 여동생 마리아가 있고, 파울로는 마리아에게 축구 동작을 가르친다. 파울로의 팀 동료들이 규칙을 깨고 소녀가 그들과 함께 뛸 수 있게 해줄까? 전면적 접근방식으로 젠더 고정관념에 도전하는 멋진 책이다.

《노란 샌들 한 짝Four Feet Two Sandals》
카렌 린 윌리암스 글, 둑 페이카 그림, 이현정 옮김, 맑은가람, 2007.
파키스탄에 있는 아프가니스탄 사람들의 난민 캠프에서 살아가는 두 소녀의 우정에 관한 감동적인 이야기다.

《비밀 활동을 하는 소녀Girl Underground》
《배 밖으로 떨어진 소년Boy Overboard》의 후속작인 이 책에서 총명한 브리짓은 목사의 아들과 함께 팀을 이루어 호주가 난민들을 다루는 실태를 폭로하고 사막의 강제수용소에서 자말과 비비를 구조한다.

《호러스와 모리스만이 아니라 돌로레스도Horace and Morris but mostly Dolores》
호러스와 모리스와 돌로레스는 영원한 친구 사이이다. 그들은 세븐 수어스 Seven Sewers 항해에서부터 에버러스트Ever-Rust 산 등반까지 모든 것을 함께 한다. 하지만 어느 날 호러스와 모리스가 (소녀들을 받아들이지 않는) 메가마이스에 들어가고, 돌로레스는 (소년들을 받아들이지 않는) 치즈퍼프스에 들어간다. 이대로 끝일까? 아니면 호러스와 모리스만이 아니라 돌로레스도 함께 곤경을 헤쳐 나갈 방법을 찾고 우정을 되찾을까? '우정과 개성에 대한 용기 있는 찬사' 등 다수의 상을 받은 수상작이다.

《마샤와 곰Masha and the Bear》

숲에서는 길을 잃기 쉽다. 어린 마샤는 러시아의 거대한 숲 언저리에 산다. 하지만 어느 날 마샤는 베리 따는 데 골몰한 나머지 너무 멀리까지 갔다가 길을 잃는다. 고쳐 쓴 러시아 전래 설화로 한 소녀가 곰보다 한 수 앞선 지혜로 곰이 스스로 요리하고 청소하게 만드는 이야기다.

《미아 이야기Mia's Story》

칠레령 안데스 산맥에 위치한 샌프란시스코라는 야영지 마을의 주민들을 만난 현장주임의 체험을 바탕으로 한 감동적인 이야기이다. 그 마을은 경작지로 둘러싸여 있었으나 인근 도시가 성장하면서 주민들이 거둬들일 수 있는 거라고는 도시에서 내다버린 폐기물뿐이다. 주인공인 미아라는 어린 소녀가 자신의 개가 산속에서 길을 잃고 그로 인해 그들의 삶이 영원히 바뀌게 되면서 만들어내는 경이로운 이야기이다. 아름다운 삽화가 칙칙한 마을과 설백의 산, 도시의 활력 사이에서 뚜렷한 대비를 전달해준다.

《중재자Peace Maker》

《삼목두기Noughts and Crosses》의 베스트셀러 작가 맬로리 블랙맨의 모험과 위험과 개인적 책임에 대한 스릴 만점의 미래 소설이다. 시사하는 바가 많으면서 포괄적인 소설로, 주인공 소녀는 인간 본성과 폭력의 필요성에 대한 질문들에 독자들을 끌어들인다. 특별히 8세 이상의 독서를 꺼리는 난독증 독자들에게 적합한 책이다.

《돼지책Piggybook》
앤서니 브라운 지음, 허은미 옮김, 웅진주니어, 2001.

피곳 씨와 두 아들은 가련한 피곳 부인에게 돼지처럼 굴고, 마침내 그녀가 집을 나간다. 스스로 꾸려나갈 수밖에 없도록 남겨지자 피곳 네 남자들은 희한한 변화를 겪게 된다! 언제나처럼 앤서니 브라운이 경이롭게 그려낸 강력한 책이다.

《발명가 로지의 빛나는 실패작Rosie Revere, Engineer》
안드레아 비티 글, 데이비드 로버츠 그림, 김혜진 옮김, 천개의바람, 2015.

　제2차 세계대전 중에 미국에서 전시 노동에 참여했던 모든 여성을 대표한 리벳공 로지라는 허구적 인물에 바탕을 둔 이 재치 있는 그림책은 소녀들이 엔지니어가 되고 발명가가 될 수 있고, 모두가 자신의 열정을 쫓고 실패에 직면해서도 굴하지 않고 끝까지 해내야 한다는 것을 보여준다.

《아름다운 것Something Beautiful》
　매일 아침 자신의 아파트 밖에 놓인 낙서와 쓰레기를 마주하는 대도시 빈민가에 사는 소녀에 관한 멋진 이야기이다. 선생님이 칠판에 "아름답다"라는 단어를 썼을 때, 소녀는 자신이 사는 마을에서 아름다운 뭔가를 찾아보기로 맘먹는다. 각기 다른 많은 사람들이 각자가 아름답다고 생각하는 것들을 소녀에게 보여주고, 소녀는 아름답다는 건 '그것을 가졌을 때 우리 마음이 행복해지는 무언가'를 의미한다고 판단한다. 책 말미에서 소녀는 자신이 그 쓰레기들을 치우고 낙서를 지우기로 결심한다.

《나비의 심장The Butterfly Heart》
　친구 위니프레드를 끔찍한 운명에서 구해내야 하지만 불부와 마딜로는 무력하고 시간은 빠르게 흐른다. 필사적인 심정으로 그들은 스네이크맨 이 프와 프와에게 부탁한다. 하지만 그 노인은 비록 지혜롭기는 해도 느려서, 이 소녀들은 조바심이 난다. 너무 늦기 전에 노인이 공격하게 될까? 섬세하게 써나간 이 이야기는 세계 곳곳에서 여자들과 소녀들이 겪는 인권 침해를 다루고 있다.

《용기를 가진 소녀The Girl with the Brave Heart》
　쉬라즈는 자신이 용감하다고 생각하지 않는다. 그런데 발코니에서 양털로 된 공을 떨어뜨렸을 때, 그녀는 그것을 되찾으려면 자신이 가진 모든 용기를 다 끌어내야 한다는 걸 알게 된다. 양털 공이 이웃집 정원에 떨어졌고, 그 정원의 주인이 몹시 별난 사람이기 때문이다. 아름다운 삽화로 그려나간 테헤란의 민간설화로 철학적 질문을 위한 훌륭한 자극제가 되어준다.

《달의 용The Moon Dragons》
　산비탈 높은 곳에 사는 달의 용을 찾아내는 일에 모두가 실패한 가운데,

혼자 성공한 어린 시골 소녀 앨리나의 매혹적인 이야기이다. 앨리나는 금으로 가득 찬 방을 거절한다.

《어린 페미니스트 와즈다The Green Bicycle》
하이파 알 만수르 지음, 김문주 옮김, 상수리, 2020.

와즈다에게는 소박한 소원 하나가 있다. 친구 압둘라와 함께 자신의 자전거를 타고 경기에 나가는 것이다. 하지만 사우디아라비아에서는 소녀들이 자전거를 타는 게 부적절하다고 간주되어 부모님들은 와즈다에게 자전거를 금지한다. 그 관습에 질린 와즈다는 계획을 바꾸어 돈을 벌어 직접 자전거를 사기로 한다. 수상에 빛나는 영화 '와즈다Wadjda'를 바탕으로 쓴 책이다.

《나이팅게일 숲의 비밀The Secret of Nightingale Woods》

1919년 헨리는 오빠의 때 이른 죽음에 두려움을 느껴 가족과 함께 시골로 이사한다. 유일한 친구는 자신이 가장 좋아하는 주인공들뿐인데, 어느 날 숲속을 배회하던 중 마녀처럼 생긴 굉장히 매력적인 여자 모스를 만난다. 둘은 함께 헨리가 가족을 구하고 자신의 슬픔을 이겨낼 수 있도록 도와주는 결속을 다진다.

《울프 와일더The Wolf Wilder》
캐서린 런델 지음, 백현주 옮김, 천개의바람, 2019.

페도라의 엄마는 울프 와일더이고, 페오는 훈련 중인 울프 와일더다. 울프 와일더는 동물 조련사의 반대말이다. 다시 말해 길들여진 동물들이 스스로 부양하고 싸우고 달아날 수 있도록 그리고 사람을 조심하도록 가르치는 사람이다. 러시아군의 무시무시한 적의가 그녀의 생존 자체를 위협하자 페오는 선택의 여지가 없이 달아난다. 이어지는 이야기는 혁명, 모험, 우리가 사랑하는 것들을 위한 저항, 그리고 당연히 늑대 이야기이다. 젠더 고정관념화를 거부하는 남녀 주인공들이 등장하는 감동적인 이야기.

《벌들이 집으로 날아갈 때Where the Bees Fly Home》

가족들 사이에서 다른 남자들만큼 신체적으로 강하지 않은 반면 재능을 타고난 예술적 감각을 가진 소년에 관한 섬세한 이야기다.

● 비소설(5세~7세)

《아멜리아 에어하트Amelia Earhart》
이사벨 산체스 베가라 글, 마리아디아만테스 그림, 박소연 옮김, 달리, 2018.
단순하고 선명하게 그린 삽화로 담아낸 20세기 초 유명한 조종사인 아멜리아 에어하트의 전기이다.

《파키스탄의 용감한 소녀 말랄라Malala, a Brave Girl form Pakistan, 용감한 소년 이크발Iqbal, a Brave Boy from Pakistan》
중간에서 하나로 연결된 두 권의 그림책이다. 말랄라 유사프자이, 그리고 아동노동에 반대하여 활동하다 충격에 숨진 노벨평화상 수상자 이크발 마시이의 실제 이야기다.

《어린이들의 일상 이야기The Barefoot Book of Children》
세계 곳곳에서 일상을 살아가는 어린이들을 세밀하고 선명한 삽화로 담아낸 멋진 책이다. 삽화가들은 젠더 고정관념을 반영하지 않도록 하는 것을 포함하여 되도록 성차별을 하지 않도록 세심하게 주의를 기울였다. 책 후반에 그림들에 대한 사실을 담은 정보를 제공한다.

《메이 제미슨의 우주여행The Voyage of Mae Jemison》
흑인 여성 우주비행사 메이 제미슨에 관한 간단한 글을 담은 사진책이다. 책 후반에 실린 전기는 고학년 학생들에게 적합하다.

《나무들의 어머니Wangari's Trees for Peace》
지네트 윈터 지음, 지혜연 옮김, 미래아이, 2009.
케냐의 노벨평화상 수상자 왕가리 마타이에 관한 이야기로 저학년 어린이들에게 영감을 주는 책이다. 이 이야기는 숲이나 지속가능성이라는 주제 안에서 활용될 수도 있고, 아프리카에 사는 사람들이 자신들의 삶을 스스로 통제할 수 있고 실제로 조절하고 있다는 사실을 보여줄 수도 있다. 왕가리 마타이가 말했듯 "나는 늘 우리의 활동이 단순히 나무를 심는 것이 전부는 아니라고 느꼈다. 중요한 것은 사람들이 자신의 환경을, 그들을 지배하는 시스템을, 그들의 삶과 그들의 미래를 책임지도록 고취하는 일이었다."

《넌 뭘 하고 놀아?What Are You Playing At?》

소년들과 소녀들이 할 수 있는 일에 대한 고정관념에 도전하는 어린이용 팝업북으로 그러한 활동에 열중하고 있는 남녀 어른들의 사진들을 담았다. 성별 역할을 둘러싼 토론용으로 훌륭하다.

《내가 자라서When I Grow Up》

매기는 우주과학자다! 21세기에 가능한 굉장히 다양한 직업들을 몇 가지만 말해보자면 수의사 미셸, 조종사 네스, 수학 광대 버블즈가 있다. 벤자민 제파니아의 시들은 이 모든 사람이 생계수단으로 하는 일들의 핵심을 관통한다. 시마다 뛰어난 사진들과 각자의 일에 열중하는 사람들 각자의 전기가 덧붙여진다.

《너는 누구니? 유아용 젠더 정체성 가이드북Who Are You? The Kid's Guide to Gender Identity》

우리가 젠더를 어떻게 체험하는지 신체, 표현, 젠더 정체성에 관해 이야기할 수 있도록 복잡하지 않고 쉬운 언어로 이루어진 세 살 이상 어린이용 젠더 소개서다. 어른들을 위한 대화형 기구와 가이드가 들어있다.

● 비소설(7세~11세)

《흑인 여성 과학자들과 발명가들 1권Black Women Scientists and Inventors Volume 1》

역사 속 그리고 현재 활동 중인 흑인 여성 과학자들과 발명가들에 관한 책이다. 개인별 사진이 포함된 정보를 담은 페이지에 본문과 과학 실험에 필요한 개념들에 기초한 질문들이 덧붙여진다.

《에멀린 팽크허스트Emmeline Pankhurst》

에멀린 팽크허스트는 어린이었을 때 다른 사람들을 위해 싸우는 영웅들에 관한 책들에 영감을 받았다. 그녀는 자신의 삶을 여성들의 투표할 권리를 위해 싸우는 일에 바쳤고, 끈질긴 노력과 위대한 용기로 세상을 바꾼 놀랄만한 운동을 이끌었다. 그녀의 경이로운 삶에 대한 이야기로 책 후반에 사진과 관련 정보들을 실었다.

《프리다 칼로와 세상에서 가장 용감한 소녀Frida Kahlo and the Bravest Girl in the World》

유명한 멕시코 화가인 프리다 칼로를 직접 알고 지낸 어린이 마리아나의 관점에서 전개되는 멋진 이야기. 화가의 그림 일곱 점을 실었다. 프리다 칼로의 삶과 활동에 대한 훌륭한 어린이용 소개서다.

《반항하는 소녀들을 위한 잠자리 책 1, 2Goodnight Stories for Rebel Girls 1, 2》

아름다운 삽화로 그려진 두 권의 책은 네페르티티에서 미셸 오바마까지 100명의 주목할 만한 여성들의 이야기를 담고 있다.

《나는 말랄라I am Malala》

말랄라 유사프자이·크리스티나 램 지음, 박찬원 옮김, 문학동네, 2014.

세계 곳곳을 다니며 소녀들의 교육받을 권리를 위해 싸우고 계속해서 소녀들을 대변하는 활동을 벌이고 있는 노벨평화상 수상자 말랄라 유사프자이가 쓴 회고록이다.

《자유: 누어 이나야트 칸의 삶Liberté : The Life of Noor Inayat Khan》

제2차 세계대전에서 스파이가 된 유명한 무슬림 여성의 전기로 맨체스터의 한 초등학교 6학년 학생들이 글을 쓰고 삽화를 그렸다.

《평화적 영웅들Peaceful Heroes》

다른 사람들을 돕고 세상을 더 나은 곳으로 만들기 위해 생명을 무릅쓴 14인의 남녀에게 헌정하는 책. 간디, 소저너 트루스, 마틴 루서 킹 외에도 코리 텐 붐, 압둘 가파르 칸, 오스카 로메로, 폴 루세스바지나, 말라 루지카가 포함된다.

《로자 파크스Rosa Parks》

리즈베스 카이저 지음, 마르타 안텔로 그림, 공경희 옮김, 달리, 2019.

로자 파크스는 앨라배마에서 자랐다. 그곳에서 일찍이 스스로 저항하는 법을 배웠다. 로자는 마침내 차별을 종식시킨 운동을 촉발한 용기와 위엄을

지닌 시민권 운동이다. 로자는 평등권을 위한 활동을 멈추지 않았다. 로자의 삶을 그린 감동적인 이야기는 후반에 사진과 그 내용을 담은 정보를 실었다.

《바다의 여왕들Sea Queens : Women Pirates Around the World》
시대를 초월하여 가장 영향력 있는 해적인 마담 청을 비롯하여 가장 유명하고 악명 높은 여자 해적들의 삶을 다뤘다.

《바스라의 사서The Librarian of Basra》
바스라 중앙도서관의 수석 사서 알리아 무함마드 베이커에 관한 실제 이야기를 담은 감동적인 그림책이다. 그녀는 이라크 전쟁에서 도서관이 타버리기 아흐레 전 도서관 소장도서 70%를 다른 곳으로 옮겨 보존한 인물이다. 철학적 질문을 위한 자극제로 활용할 수 있다.

《우리는 모두 소중해요We Are All Born Free》
국제 엠네스티 지음, 존 버닝햄·코키 폴·니키 달리 그림, 김태희 옮김, 사파리, 2008.
인권선언 60주년에 맞추어 국제 앰네스티와 공동으로 펴낸 책이다. 세계적으로 유명한 화가들이 각각의 권리들을 기념하여 그린 아름다운 삽화들을 담았다.

《과학계 여성들:세상을 바꾼 50인의 두려움 없는 개척자들Women in Science:50 Fearless Pioneers Who Changed the World》
마리 퀴리 같은 저명한 과학자들에서 캐서린 존슨처럼 잘 알려지지 않은 과학자들까지, STEM 직업의 선구적인 여성들에게 헌사를 보내는 이 책은 아름다운 삽화가 들어간 감동적인 이야기다.

《스포츠계 여성들:경기에서 승리한 두려움 없는 50인의 육상선수들Women in Sports:50 Fearless Women Who Played to Win》
1800년대부터 현재에 이르기까지 50인의 여성 육상선수들의 업적을 기리는 책이다.

《어린이들이 알아야 할 13인의 여성 화가들13 Women Artists Children Should know》

유명한 여성 화가들이 그린 작품들의 대형 컬러 사진들을 담은 책이다. 화가들 대부분은 유럽인(혹은 멕시코인인 프리다 칼로)이지만 각기 다른 시대의 여성 화가들에 대한 훌륭한 소개서이고, 남성 화가들에 대해 더 초점이 맞춰진 현실과 균형을 이룬다.

《역사를 만든 100인의 여성100 Women Who Made History》
역사 속 중요한 여성들에 관한 책으로, 창의적인 예술, 과학, 캠페인, 정치, 사업, 스포츠에 참여한 여성들을 조명한다.

● 추가 읽을거리 목록

《젠더 어젠다The Gender Agenda : A First-Hand Account of How Girls and Boys are Treated Differently》 2017.
한 커플의 아들과 딸에게 성별에 따라 다르게 미치는 영향을 하루하루 매우 흥미진진하게 그려나간 이야기.

《일상 속의 성차별》
로라 베이츠, 안진이 옮김, 미메시스, 2017.
이제는 국제적 명성을 자랑하는 웹사이트Everyday Sexism에서 로라 베이츠는 소녀들과 여자들이 일상 속에서 겪는 성차별, 성희롱, 성별 기반의 폭력을 담아냈다. 학교 내 성평등 활동이 왜 필요한지 구체적인 상황을 설명해주는 충격적인 필독서.

《젠더, 만들어진 성Delusions of Gender》
코델리아 파인, 이지윤 옮김, 휴머니스트, 2014.
남성과 여성의 뇌가 태생적으로 다르다고 주장하는 이론들을 살펴본다. 책은 남녀 뇌의 차이란 존재하지 않음에도 그렇게 해석하는 이유를, 사람들이 '사회에 퍼져있는 성적 불평등을 설명'하기 위해서라고 말한다. 성별에 따라 타고나는 뇌의 역할에 차이가 있다는 것은 뇌 성차별이고, 이를 "뉴로섹시즘neurosexism"이라고 부른다. 이는 과학이라는 이름으로 우리 사회의 편견과 마음이 만들어낸 결과지 절대적이거나 불변하는 믿음이 아님을 역설한다.

《테스토스테론 렉스》

코델리아 파인, 한지원 옮김, 딜라일라북스, 2018.

파인의 저서들은 성차에 관한 인기 높은 두뇌 기반 이론들에 대한 훌륭한 해독제다. 엄격한 연구를 바탕으로 쓰인 이 책은 심지어 호르몬도 환경의 영향에 반응하는 모습을 설명하면서 젠더의 사회적 구성에 관한 신경과학적 증거들을 입증한다.

《교육에 대한 생각Thinking in Education》

어린이를 위한 철학에 관해 더 읽어볼 만한 책. 리프먼은 이제는 전 세계 60개 나라에서 실천되는 P4C라는 성공적인 교육학을 앤 샤프와 함께 개발한 바 있다.

《어린이 놀이:유아기 젠더 학습Children at Play:Learning Gender in the Early Years》

런던의 유치원을 배경으로 이루어진 흥미로운 참여 연구에 관한 상세한 이야기 속에서 유아들이 그들의 젠더를 '수행하는' 법을 어떻게 배우는지 설명한다.

《소년 되기, 소녀 되기:남성과 여성 배우기Being Boys; Being Girls:Learning Masculinities and Femininities》

0세에서 18세에 걸쳐 어린이들이 어떻게 그들의 젠더를 구성하고 이해하는지 연구한 결과를 전략과 개입을 위한 명쾌한 제안들과 함께 묶었다.

《초등학교 교실 속 남자와 여자Boys and Girls in the Primary Classroom》

초등학교 교과과정에 대한 각기 다른 분야에 전문성을 가진 교육자들이 각 장에서 연구를 요약하고 실천을 위한 권고들을 제시한다.

《젠더 다양성과 포용에 관한 유아기 교육Gender Diversity and Inclusion in Early Years Education》

젠더 발달에 대한 이론적 접근을 다룬다.

1. 이 책에 나오는 어린이들의 발언은 모두 2016 DECSY에서 인용했다.

2. 이 책의 내용은 커리큘럼 자료와 활동을 개발하기 위해 유아교사·초등교사·중등교사들이 함께 참여한 DECSYwww.decsy.uk의 '젠더 존중 프로젝트'를 바탕으로 한다.

3. 영국은 지난 10년간 섭식장애로 병원에 입원한 환자가 증가하고 있다. 2015~2016년 사이에는 91%가 여성이었고, 연령대로는 10~14세, 15~19세의 비율이 가장 높았다(2016 건강과사회복지정보센터, p.1). 2015년에는 영국에서 72만 5000명이 섭식장애를 겪고 있다고 보고되었다(2015 프라이스워터하우스쿠퍼스). 영국에서 남자들이 자살할 가능성은 여자들의 3배, 미국에서는 3배 반에 달한다(2017 미국자살예방재단, 2016 사마리탄즈-전화로 우울증과 자살 충동에 시달리는 사람들의 고민을 상담해 주는 영국 자선단체). 2013년 영국 남성 자살률이 2001년 이래 최고 수준에 이르렀다…. 영국 전국자살예방자문단의 루이스 애플비 교수는 "남자들이 자살 위험이 더 큰 이유는 폭음할 가능성이 더 크고, 더 치명적인 자해 방법을 쓰며, 도움 청하기를 주저하기 때문"이라고 말했다."Davis, 2015

4. 영위민스트러스트Young Women's Trust에 따르면 "여성은 아동 보육 기능 습득자의 94%를 차지하는데, 공학기술 기능 습득자 중 비율은 4%도 안 된다. 그보다 놀라운 것은 이 숫자가 지난 10년간 거의 바뀌지 않았다는 점이다. 심지어 후퇴한 분야도 있다. 공학기술 기능 습득자 여성 비율은 실제로 2002년 4.6%에서 2014년 3.8%로 하락했다."2016, p.4

5. 퍼세트 소사이어티Fawcett Society는 "2017년 영국에서 전일제로 일하는 여성의 성별 임금 격차가 14.1%"라고 밝힌다.2017a, p.1 그 원인 중 하나가 "남자들이 고임금 전문직에 종사하는 경향" 때문이다. 〈2012 근로 시간과 소득 연례조사〉에 따르면 프로그래머나 소프트웨어 개발 전문가들은 시간당 20.02파운드(한화로 약 3만 원, 시간 외 근무 제외)를 버는 반면 간호사들은 평균 16.61파운드(한화로 약 2만5천 원)를 번다.2013 ONS

6. 2017년 영국 의회 의석의 32%만이 여성이었다.Apostolova & Cracknell, 2017

7. 어린이들이 7세, 11세가 되는 시기를 가리키는 교육과정 1, 2단계KS1, KS2를 마칠 즈음에 영국 초등학교에서 실행하는 공립학교교육과정 법정 평가를

말한다.

8. General Certificate of Secondary Education.

9. 영국에서 18세까지의 어린이를 대상으로 활동하는 '성정체성발달서비스센터'에 위탁된 수는 2006년 50명에서 2016년 1400명으로 극적으로 증가했다._{Sheena Amos Youth Trust(SAYiT) 콘퍼런스 발표문, 2016. 11. 21}

10. SAYiT는 교육기준청 순시에 뒤이어 트랜스젠더 이슈들에 대한 지원을 요구하는 학교들의 요청이 급증했다. 2017년 5월 SAYiT의 리 레스터_{Lee Lester}와의 (허락 받은) 사적인 대화에서.

11. 여성 세 명 중 한 명이 파트너나 파트너 아닌 자에 의해 신체적 폭력이나 성폭력을 겪는 것으로 추산되는데 이를 환산하면 지구상 모든 여성의 3분의 1인 10억이다.

12. 평등법 2010의 4항에 명시됨.

13. •목표4. 모두에게 포용적이고 공평한, 질 좋은 교육을 보장하고 평생 배움의 기회를 장려한다. 4.5. 2030년까지 교육에서 젠더 불균형을 없앤다. 4.7. 2030년까지 모든 학생이 무엇보다도 지속가능한 개발과 지속가능한 생활방식을 위한 교육을 통해, 인권, 성평등, 평화와 비폭력 문화의 증진, 세계 시민의식, 지속가능한 발전에 대한 문화 다양성과 문화의 기여에 대한 올바른 인식을 포함한 지속가능한 개발을 증진하는 데 필요한 지식과 기능을 획득할 수 있도록 보장한다. 4.a. 아동·장애·성 인지적이면서, 모두에게 안전하고 비폭력적이고 포용적이고 실질적인 학습 환경을 제공하는 교육 시설을 설치하고 그 질을 향상시킨다.

•목표5. 성평등을 이루고 모든 여자와 소녀의 역량을 강화한다. 5.1. 세계 모든 곳의 모든 여자와 소녀를 향한 어떤 형태의 폭력도 철폐한다. 5.2. 인신매매, 성 착취 및 모든 형태의 착취를 포함한 공적, 사적 어떤 영역에서도 모든 여자와 소녀를 향한 모든 형태의 폭력을 철폐한다. 5.3. 어린이의 조혼이나 강제혼, 여성 할례와 같은 모든 유해한 관행을 철폐한다. 5.5. 정치, 경제, 공공 생활에서 이루어지는 의사결정의 모든 단계에서 여성이 전면적이고 실질적으로 참여할 것과 리더십을 발휘할 공평한 기회를 보장한다. 5.c. 성평등의 증진, 모든 단계에서 모든 여자와 소녀의 역량 강화를 위한 견실한 정책과 시행 가능한 법령을 채택하고 강화한다.

•목표10. 국가 간 불평등, 국가 내 불평등을 감축한다. 10.2. 2030년까지 나이, 성별, 장애, 인종, 소수민족, 출신, 종교, 경제적 혹은 여타 지위와 상관없이 모두를 위한 사회적, 경제적, 정치적 포용을 부여하고 증진한다_{UN 2017.}

14. 사회 및 건강교육은 영국 학교들에서 가르치는 교과목 중 하나로 개인의 정서적·사회적 발달 및 건강, 마약, 인간관계와 관련된 쟁점들을 다룬다.

15. 《The Gender Agenda: A First-Hand Account of How Girls and Boys Are Treated Differently》 Ros Ball and James Millar, 2017.

16. 《Why Mars and Venus Collide》 John Gray, 2008.

17. 《The Female Brain》 Louann Brizendine, 2007.

18. 《Why Can't a Woman be More Like a Man?》 Lewis Wolpert, 2014.

19. 《Delusions of Gender》 Cordelia Fine, 2010.

20. 인간의 뇌가 성형적plastic이고 순응성이 있다는. -옮긴이.

21. 《Testosterone Rex: Myths of Sex, Science, and Society》 Cordelia Fine, 2017.

22. 이 소녀는 사전에 한 여성 조종사의 사진에 대한 견해를 이야기하면서 "여자아이는 비행기 조종을 비롯해 다른 이런저런 것에 익숙하지 않아서 때로는 자기가 무엇을 하고 있는지 모를 수도 있고, 설사 그가 훈련을 받았다 하더라도 까먹을지도 몰라요."라고 말했다. 이러한 의견에 대해 그 이유가 그가 여자기 때문인지 아니면 남자 역시 잊어버릴 수도 있을지 묻는 질문이 유용하게 이어졌을 수도 있지만, 당시에 이 어린이의 말이 그러한 문제를 가진다면 그것은 오직 여자라는 의미였다는 게 매우 분명해 보였다.

23. 드웩Carol Dweck은 '성장 마인드셋growth mindset'과 '고착 마인드셋fixed mindset'을 구분했는데, '고착 마인드셋은 사람들의 자질은 변경 불가능하다고 믿는 것'이고, '성장 마인드셋은 사람들의 근본적인 자질이 노력을 통해 함양될 수 있다는'(믿음)이다.2006, pp.6, 7.

24. www.everydaysexism.com

25. 섹스팅은 성적으로 문란한 내용의 문자메시지나 사진을 휴대전화로 전송하는 행위를 말한다.

26. 'PSHE 협회, 브룩, 성교육 포럼'의 〈21세기를 위한 성과 관계 교육(SRE)〉, www.pshe-association.org.uk/curriculum-and-resources/에서 확인 가능함.

27. '젠더 존중 프로젝트'에 참여한 한 교사가 자신의 초등학교용으로 개발한 〈SRE에 관한 정책계획〉을 www.hindehouse.net/Date/Parent_Down loads/SexandRelationshipEducation.pdf에서 찾아볼 수 있다.

28. 신문, 인종, 성별, 장애 등의 차별 유형들이 별개로 존재하는 것이 아니라 서로 결합해 영향을 미치는 것.

29. '부모들과 교사들은 종종 자신감을 북돋아주려는 의도로 칭찬하지만 유감스럽게도 의도된 칭찬은 성장 마인드셋을 개발하는 데 필수적인 노력, 계획, 집중, 인내의 과정보다는 고착 마인드셋의 속성을 강화할 수 있다. "너 정말 영리하구나! 공부를 하지 않았는데도 A를 받다니.", "그렇게 쉽게 달리기에서 1등을 하다니 올림픽에 나갈 수 있겠어." 같은 말은 아이를 응원하고 자부심을 고취시키려는 의도에서 나온 것이겠지만 전혀 다른 숨은 메시지를 전한다. "쉽게 배우지 못하면 영리한 게 아니구나.", "열심히 노력할 필요가 없었어, 어쩌면 나는 실패한 것인지 몰라."[Miracle 2015]

30. www.implicit.harvard.edu/implicit/iatdetails.html

31. 영어로 '여러분'이라고 할 때 'guys'라는 말을 꽤 일반적으로 쓰는데 이 단어 자체에 문제가 있다. 남자를 의미하는 단어이기도 하고 여자들과 소녀들은 존재하지 않는 것처럼 만들기 때문이다. 'guys'에 상응하는 여자들에 대한 단어로 'gals'가 있지만 남성과 여성이 섞여있을 때 이 단어를 쓰는 것은 적절하지 않게 여겨진다.

32. www.readingrockets.org/strategies/reciprocal_teaching을 보라.

33. 2017년 8월 현재 'prom'으로 구글에서 이미지를 검색하면 반짝이는 긴 드레스를 입은 소녀나 여자, 수트를 입은 남자로 이뤄진 여성-남성 커플이 많은 페이지에 걸쳐 나타난다.

34. Bletdhley Park. 영국 버킹엄셔주 밀턴케인스에 있는 저택. 제2차 세계대전 당시 독일의 암호를 해독하던 곳.-옮긴이 주.

35. 지정된 과목은 영국국립교과과정English National Curriculum 2014년에 있는 것들이다. www.gov.uk/government/uploads/system/uploads/attachment_data/file/425601/PRIMARY_national_curriculum.pdf. 참조

36. www.tate.org.uk/kids/explore/who-is/who-are guerrilla-girls

37. 영국에서 대입준비를 위해 보통 18세에 치르는 과목별 시험.-옮긴이 주.

38. 영국에서 훈장을 받은 여성에게 붙이는 말. 남성의 경(Sir)에 해당함.-옮긴이 주.

39. The Early Years Foundation Stage(EYFS). 영국 정부의 아동보호법(2006) 39조에 따른 만 0세부터 5세까지 아동의 학습, 개발, 돌봄에 관한 규정. 유아교육 커리큘럼. 영국에서는 만 4세에 리셉션Reception이라고 불리는 초등학교 준비과정에 들어가서 만 5세에 초등학교 1학년이 된다.-옮긴이 주.

40. 아프리카, 라틴아메리카, 아시아 지역에서 개발이 한창인 국가들을 아울

러 일컫는 말.

41. 파키스탄의 여성인권운동가. 17세인 2014년에 노벨평화상 수상.-옮긴이 주.

42. 글로벌 사우스와 비교하여 상대적으로 부유한 국가들. 세계지도에서 이들 나라가 대부분 북쪽에 있기에 붙여진 이름.

43. 케냐의 환경운동가. 2004년 노벨평화상 수상.-옮긴이 주.

44. www.biographyonline.net/people/world-peace.html.

45. 2017년 GCSE 프랑스어에서 18.8%의 소년과 26.6%의 소녀가 A/7등급을 받았고 63.5%의 소년과 73.7%의 소년이 C/4 등급을 받았다. 2017년 GCSE 독일어에서 20%의 소년과 26.7%의 소녀가 A/7등급을, 70%의 소년과 79%의 소녀가 C/4 등급을 받았다. 2017년 프랑스어 A레벨에 응시한 소녀가 6551명인데 비해 소년은 2917명만 응시했고, 같은 해 독일어 A레벨에 응시한 소녀가 2109명인데 비해 1554명의 소년만 응시했다.(Joint Council for Qualifications 2017)

46. 소년들이 프랑스어를 소녀들의 과목으로 생각한다는 연구가 있다. 예를 들어 Williams, Burdenand LANVERS(2002)를 참조.

47. 영국 교육부가 2005년 개설한 웹사이트. 영국 의회 관리하에 있다.

48. genderstats.un.org/#/home

49. mathsci2.appstate.edu/~sjg/ncctm/activities/hypatia/hypatia.pdf

50. mathsci2.appstate.edu/~sjg/ncctm/activities/Florence3.pdf

51. 자기 신체에 대해 갖는 심상.-옮긴이 주.

52. P4C에 대한 설명은 Developing Global Schools in China:East Meets West에서 내가 P4C를 다룬 장(Griffin 2014)을 재구성한 것이다.

53. 좋았던 점과 바라는 점을 쓸 수 있도록 그림으로 만든 어린이용 평가 양식. 별 그림 옆에 좋았던 점을 쓴다.-옮긴이 주.

54. www는 What went well, ebi는 Even better if를 의미한다.-옮긴이 주.

55. Society for the Advancement of Philosophy Enquiry and Reflection on in Education(www.sapere.org.uk). P4C를 진흥하기 위한 영국 단체. 미국의 IAPC(Institute for the Advancement of Philosophy for Children)가 연수를 제공하는데, 이 협회는 Lipman과 Sharpe가 P4C를 발전시켰던 몬트클레어 대학에 기반을 두고 있다.

56. Level 1은 P4C를 소개하는 이틀 과정으로 교사들이 학생들과 P4C를 시작해볼 수 있게 한다. Level 2a와 Level 2b는 전체 4일 과정이다. P4C의

기술을 발전시키고 리더십을 개발한다.

57. www.jkp.com/media/wysiwyg/Resources/2018/griffin-978178592
3401/Griffin-Gender_Equality_in_Primary_Schools-Resources.pdf

58. 캐나다 Rights Respecting School(www.unicef.ca/sites/default/files/
legacy/imce_uploads/rights_wants_and_needs.pdf)을 포함해 다양한
유니세프 웹사이트에서 이용 가능하다.

59. 이 영화를 책으로 만든《어린 페미니스트 와즈다The Green Bicycle》도 있다.
하이파 알 만수르(2016).

60. parcours, 운동 시설이 갖춰진 산책 코스.-옮긴이 주.

61. 슈퍼마켓 체인.-옮긴이 주.

62. 표들은 Open Paliament License가 사용을 허가한 국회 자료를 담고
있다.

63. www.bbc.co.uk/newsround/29443373

64. www.youtube.com/watch?v=G7l6crlMOrw

65. www.futuremorph.org/wp-content/uploads/games/interactive/
index.html

66. National Careers Service, Job Profiles, nationalcareersservice.direct.
gov.uk/job-profiles/home

67. nationalcareersservice.direct.gov.uk/get-a-job

68. 이런 영화들과 잠재적으로 예민한 주제를 다루는 자료를 쓸 때는 유의해
야 한다. 당신이 가르치는 특정한 학생 그룹에 적절한 것인지 미리 확인하
기 바란다. 또 다루는 주제들에 대해 개인적으로 다르게 받아들일 수 있는
학생들을 위한 적절한 지원 방안도 확실하게 해두라.

69. www.sliptalk.com/normal-wedding-photo.

70. www.youtube.com/watch?v=iYhCn0jf46U.

71. 수 라일의 허락을 구하고 인용. '폭력과 편견:젊은이들에게 숙고하는 기술
알려주기Violence and prejudice:Giving young people the skills to think independently'
Creative Teaching & Learning 5.1, 62-67(2014). 이후 Gender Respect 웹사
이트에 공개. genderrespect2013.wordpress.com/2014/10/02/violence-
and-prejudice-activities-2/

72. 'Do it yourself'-전문가를 고용하지 않고 집수리, 만들기, 꾸미기, 목수
일, 배관, 전기 같은 집안일을 하는 것.

73. 초등학교에서 정규 수업 외에 실습, 놀이, 상담 등을 맡는 교사.-옮긴이 주.

74. 두 회의의 영상은 genderrespect2013.wordpress.com에서 볼 수 있다.
75. 파워포인트 프레젠테이션, poetry workshop, 감각 용지들은 모두 Gender Respect 웹사이트에서 이용할 수 있다. www.genderrespect 2013.wordpress.com/teaching-ideas/one-billion-rising/
76. www.onebillionrising.org/about/campaign/one-billion-rising.
77. 현재 절판된《Working Now》와《Focus for Change》교육 세트에서 추림.
78. Rastafarian. 자마이카 등지에서 결성된 흑인 결사 단체의 구성원을 가리킴.